毛泽东诗词鉴赏：朗读版

毛泽东　著
祝建秀　编注

中国画报出版社·北京

图书在版编目（CIP）数据

毛泽东诗词鉴赏：朗读版 / 毛泽东著；祝建秀编注. -- 北京：中国画报出版社，2024.6
ISBN 978-7-5146-2193-8

Ⅰ.①毛… Ⅱ.①毛… ②祝… Ⅲ.①毛主席诗词—鉴赏 Ⅳ.① A841.4

中国版本图书馆 CIP 数据核字 (2023) 第 226608 号

毛泽东诗词鉴赏：朗读版
毛泽东　著　祝建秀　编注

出 版 人：方允仲
责任编辑：郭翠青
责任印制：焦　洋

出版发行：中国画报出版社
地　　址：中国北京市海淀区车公庄西路 33 号
邮　　编：100048
发 行 部：010-88417418　010-68414683（传真）
总编室传真：010-88417359　版权部：010-88417359

开　　本：16 开（700mm×1000mm）
印　　张：13
字　　数：120 千字
版　　次：2024 年 6 月第 1 版　2024 年 6 月第 1 次印刷
印　　刷：金世嘉元（唐山）印务有限公司
书　　号：ISBN 978-7-5146-2193-8
定　　价：46.00 元

前言

  毛泽东的伟大不仅体现在他的政治谋略上，也体现在他的诗词创作与书法造诣上。

  《舜典》载："诗言志，歌咏言，声依永，律和声。"而这句话在毛泽东诗词中可以说得到了极大的证明。在他诗词创造的三个阶段，每一阶段都展现了诗人不同的志向与情怀，同时也充分展现了作者深厚的文化底蕴和从少年时代起就不凡的气魄。

  毛泽东的诗词，博大精深、意境高远，内容有叙事、抒情、写景、咏史、怀古；诗体有古乐府、律诗、绝句、词、曲、赋等，可谓是博览广收，兼采众家之长，形成了他独特的文风。事实上，如果不是他的政治才华过于耀眼，仅凭他的诗词与书法就可以在中国历史上占有一席之地。

  为了让广大喜爱毛泽东诗词的读者领略其才华，本书特别选录了毛泽东最具代表性的作品，同时为了让读者了解诗词背后的深意，我们将诗词创作背景也呈现给广大读者，同时还收录了他的部分诗词手迹。

  为了使读者欣赏伟人诗词和了解其心路历程，我们按创作时间顺序编写了这本《毛泽东诗词鉴赏朗读版》，同时为了让读者更深入地理解诗词的韵律之美，我们特别请专业人士为名篇配音，使诗人作品彻底实现"诗言志,歌咏言,声依永,律和声"这一美学价值。

目 录

第一章　早期及中期作品 ······················ 1

五古·挽易昌陶 ································ 1
七古·送纵宇一郎东行 ························ 4
归国谣·今宵月 ································ 6
四言诗·祭母文 ································ 7
虞美人·枕上 ··································· 11
贺新郎·别友 ··································· 13
沁园春·长沙 ··································· 15
菩萨蛮·黄鹤楼 ································ 23
西江月·秋收起义 ······························ 29
西江月·井冈山 ································ 30
采桑子·重阳 ··································· 32
清平乐·蒋桂战争 ······························ 34
如梦令·元旦 ··································· 37
减字木兰花·广昌路上 ······················· 39
蝶恋花·从汀州向长沙 ······················· 41
渔家傲·反第一次大"围剿" ················ 42

毛泽东诗词鉴赏：朗读版

渔家傲·反第二次大"围剿" ………………………… 43
菩萨蛮·大柏地 ………………………………………… 44
清平乐·会昌 …………………………………………… 46
十六字令·三首 ………………………………………… 52
六言诗·给彭德怀同志 ………………………………… 55
忆秦娥·娄山关 ………………………………………… 56
七律·长征 ……………………………………………… 63
念奴娇·昆仑 …………………………………………… 69
清平乐·六盘山 ………………………………………… 74
临江仙·给丁玲同志 …………………………………… 77
沁园春·雪 ……………………………………………… 79
四言诗·祭黄陵文 ……………………………………… 82
五律·挽戴安澜将军 …………………………………… 86
七律·重庆谈判 ………………………………………… 87
五律·喜闻捷报 ………………………………………… 89
五律·张冠道中 ………………………………………… 91
七律·人民解放军占领南京 …………………………… 92
七律·和柳亚子先生 …………………………………… 95

第二章　晚期作品 ……………………………… 99

浣溪沙·和柳亚子先生 ………………………………… 99
浣溪沙·和柳亚子先生 ………………………………… 102
浪淘沙·北戴河 ………………………………………… 105

目　录

七律·和周世钊同志	107
五律·看山	109
七绝·莫干山	110
七绝·五云山	111
水调歌头·游泳	112
七绝·观潮	114
蝶恋花·答李淑一	115
七绝·刘蕡	118
七律二首·送瘟神	119
七绝·仿陆游诗	121
七律·改鲁迅诗	122
七律·到韶山	124
七律·登庐山	126
七律·读报	128
七律·读报	129
七律·读报	131
七律·读报	133
七绝·为女民兵题照	135
七绝·为李进同志题所摄庐山仙人洞照	137
七绝·屈原	139
七绝二首·纪念鲁迅八十寿辰	140
七律·和郭沫若同志	142
卜算子·咏梅	144
七律·答友人	146

七律·冬云 …………………………………… 148

满江红·和郭沫若同志 …………………… 149

杂言诗·八连颂 …………………………… 152

七律·吊罗荣桓同志 ……………………… 154

贺新郎·读史 ……………………………… 155

水调歌头·重上井冈山 …………………… 157

念奴娇·井冈山 …………………………… 159

七律·洪都 ………………………………… 160

七律·有所思 ……………………………… 161

七绝·贾谊 ………………………………… 162

七律·咏贾谊 ……………………………… 163

第三章　毛泽东诗论 ………………………… 165

致臧克家等 ………………………………… 165

致李淑一 …………………………………… 166

读范仲淹两首词的批语 …………………… 167

致胡乔木 …………………………………… 169

《七律二首·送瘟神》后记 ……………… 170

致周世钊 …………………………………… 171

在《毛主席诗词十九首》上的批注 …… 173

致胡乔木 …………………………………… 177

致胡乔木 …………………………………… 178

《词六首》引言 …………………………… 179

目 录

《忆秦娥·娄山关》的写作背景 …………………… 180
对《毛主席诗词》中若干词句的解释 …………… 182
致陈毅 ……………………………………………… 187

第四章　毛泽东对联精选 …………………… 189

对萧三 ……………………………………………… 189
自勉联 ……………………………………………… 190
对夏默安 …………………………………………… 191
悼七位同学 ………………………………………… 192
对何长工 …………………………………………… 193
挽杨十三先生 ……………………………………… 194
挽葛太夫人 ………………………………………… 195
挽续范亭同志 ……………………………………… 196
为中华全国体育总会成立大会题联 ……………… 197
赠叶剑英同志 ……………………………………… 198

第一章 早期及中期作品

五古·挽易昌陶①

去去②思君深，思君君不来。
愁杀芳年友，悲叹有余哀③。
衡阳雁声彻，湘滨春溜④回。
感物念所欢，踯躅南城隈⑤。
城隈草萋萋，涔泪侵双题。
采采余孤景⑥，日落衡云⑦西。
方期沆瀁游⑧，零落匪所思。
永诀从今始，午夜惊鸣鸡⑨。
鸣鸡一声唱，汗漫东皋上⑩。
冉冉望君来，握手珠眶涨。
关山蹇骥足⑪，飞飙拂灵帐。
我怀郁如焚，放歌倚列嶂。
列嶂青且茜，愿言试长剑。
东海有岛夷，北山尽仇怨。
荡涤谁氏子，安得辞浮贱。
子期竟早亡，牙琴从此绝⑫。
琴绝最伤情，朱华春不荣。

毛泽东诗词鉴赏：朗读版

后来有千日，谁与共平生？

望灵荐杯酒，惨淡看铭旌。

惆怅中何寄，江天水一泓。

注释

①易昌陶：名咏畦，湖南衡山人。湖南省立第一师范学校学生，与毛泽东同班。

②去去：远去。汉代《别诗》："参辰皆已没，去去从此辞。"这里指易昌陶因病重离校回家。

③悲叹有余哀：借用三国魏曹植《七哀》诗"悲叹有余哀"句。

④春溜（liù）：即春水。溜，迅急的水流。

⑤南城隈：南城墙弯曲处。

⑥采采余孤景：采采，丰盛貌，众多而鲜明。余，剩下。孤景，即孤影，"景"通"影"。

⑦衡云：衡山上的云烟。

⑧沆瀁游：左思《吴都赋》："溶沆瀁，莫测其深，莫究其广。"沆瀁游，深广的交游。

⑨午夜惊鸣鸡：东晋祖逖和刘琨年轻时都有大志，互相勉励振作，因此听到鸡鸣就起床舞剑。

⑩汗漫东皋上：汗漫，这里指漫步。东皋，陶渊明《归去来兮辞》："登东皋以舒啸，临清流而赋诗。"

⑪关山蹇骥足：关山，关隘和山顶，晋徐陵《关山月》："关山三五月，客子忆秦川。"蹇，困苦，不顺利。骥足，千里马的脚，比喻俊逸的人才。

第一章　早期及中期作品

⑫子期竟早亡，牙琴从此绝：意谓痛失知音。钟子期死，伯牙碎琴绝弦，终生不再弹琴。

创作背景

1915年3月，毛泽东的同学易昌陶于家中病逝，5月23日学校为他开追悼会，毛泽东为其作此挽诗。毛泽东在致湘生（生平不详）信中说："同学易昌陶君病死，君工书善文，与弟甚厚，死殊可惜。校中追悼，吾挽以诗，乞为斧正。"

七古·送纵宇一郎东行①

云开衡岳②积阴止,天马凤凰③春树里。
年少峥嵘屈贾④才,山川奇气曾钟此。
君行吾为发浩歌,鲲鹏击浪从兹始。
洞庭湘水涨连天,艨艟巨舰直东指。
无端散出一天愁,幸被东风吹万里。
丈夫何事足萦怀,要将宇宙看稊米⑤。
沧海横流安足虑,世事纷纭从君理。
管却自家身与心,胸中日月常新美。
名世于今五百年,诸公碌碌皆余子⑥。
平浪宫前友谊多,崇明对马衣带水⑦。
东瀛濯剑⑧有书还,我返自崖君去矣⑨。

注释

①纵宇一郎东行:纵宇一郎,罗章龙化名。1918年4月,罗去日本,临行前,新民学会在长沙北门外的平浪宫聚餐,为他饯行。

②衡岳:这里指南岳七十二峰之一的岳麓山。

③天马凤凰:指岳麓山东南、湘江之西两座毗邻的小山。

④屈贾:战国时期的屈原和西汉贾谊。

⑤宇宙看稊米:把世事看作平常。稊,草名,稊米,形容小。

⑥诸公碌碌皆余子:诸公,指当时的当权人物。碌碌,平庸。

余子，其余的人。

⑦崇明对马衣带水：指中日邻近。

⑧东瀛濯剑：指到日本留学。东瀛，东海，后也指日本。濯剑，洗剑。

⑨我返自崖君去矣：《庄子·山木》："送君者皆自崖而返，君自此远矣！"崖，指岸边。

创作背景

1918年4月，在俄国十月革命的鼓舞下，毛泽东创建新民学会，罗章龙是新民学会的最早成员之一。为寻求救国救民的真理，罗章龙决定赴日留学。分别时，毛泽东到码头送行，当面交给罗一个信封，里面就是他以"二十八画生"为笔名写的《七古·送纵宇一郎东行》。

归国谣·今宵月

今宵月^①，直把天涯都照彻。清光不令青山失。

清溪^②却向青滩泄。鸡声歇，马嘶^③人语长亭白。

注释

① 今宵月：化用辛弃疾《木兰花慢》"可怜今夕月"句。

② 清溪：指韶河，在韶山冲由西向东流。东部有清溪山，建有清溪寺。

③ 马嘶：马的嘶鸣，比喻将踏上征程。

创作背景

毛这首词的手稿最早见于丁玲遗物中。据考辨，1937年春，毛泽东与刚到延安不久的丁玲谈论自己的词作，并手书十余首诗词赠送给丁玲。作者在世时，发表了其中《沁园春·雪》《沁园春·长沙》《菩萨蛮·黄鹤楼》《忆秦娥·娄山关》《清平乐·六盘山》五首，作者去世丁玲在世时又发表了《贺新郎·别友》《临江仙·给丁玲同志》两首。因当时是作者即兴挥毫，所有词作都未署名及标明创作时间，结果让后来的研究者对这首词的创作背景颇有争议。但更多研究者倾向于此词创作于1919年10月，根据同期作者其他词作研究可知，本词所写应是作者葬母后夜别韶山的情景。此词最早发表于《中国风》1992年创刊号。

第一章　早期及中期作品

四言诗·祭母文

呜呼吾母，遽然而死。
寿五十三，生有七子。
七子余三，即东民覃。
其他不育，二女二男。
育吾兄弟，艰辛备历。
摧折作磨，因此遘疾①。
中间万万，皆伤心史。
不忍卒书，待徐温吐②。
今则欲言，只有两端：
一则盛德，一则恨偏③。
吾母高风，首推博爱。
远近亲疏，一皆覆载④。
恺恻慈祥，感动庶汇⑤。
爱力所及，原本真诚。
不作诳言，不存欺心。
整饬成性，一丝不诡。
手泽所经，皆有条理。
头脑精密，擘理分情。
事无遗算，物无遁形。
洁净之风，传遍戚里。

不染一尘，身心表里。
五德荦荦，乃其大端⑥。
合其人格，如在上焉。
恨偏所在，三纲之末。
有志未伸，有求不获。
精神痛苦，以此为卓。
天乎人欤，倾地一角⑦。
次则儿辈，育之成行。
如果未熟，介在青黄。
病时揽手，酸心结肠。
但呼儿辈，各务为良。
又次所怀，好亲至爱。
或属素恩，或多劳瘁⑧。
大小亲疏，均待报赉⑨。
总兹所述，盛德所辉。
必秉悃忱，则效不违⑩。
致于所恨，必补遗缺。
念兹在兹，此心不越。
养育深恩，春晖朝霭。
报之何时，精禽大海⑪。
呜呼吾母，母终未死。
躯壳虽隳，灵则万古。
有生一日，皆报恩时。
有生一日，皆伴亲时。

第一章　早期及中期作品

今也言长，时则苦短。

惟挈大端，置其粗浅⑫。

此时家奠，尽此一觞。

后有言陈，与日俱长。

尚飨！

①摧折作磨，因此遘（gòu）疾：遘，遭遇。受磨难而患病。

②不忍卒书，待徐温吐：卒，结束。温，引申为回忆。

③一则盛德，一则恨偏：一则，一方面。盛德，即大德，指高尚品德。恨偏，特别遗憾。

④皆覆载：天覆地载，原指天地养育及包容万物，这里指给予恩惠，慷慨接济。

⑤恺恻慈祥，感动庶汇：恺，快乐。恻，诚恳。庶汇，此处指众人。

⑥五德莘莘，乃其大端：五德，温、良、恭、俭、让为儒家修身的五种品德。莘莘，分明。大端，这里指做人的节操。

⑦天乎人欤，倾地一角：天啊，人世的痛苦就像大地塌陷一个角落一样。

⑧或属素恩，或多劳瘁：或，有的人。属，是。素，向来。多，过分。

⑨报赉：报答与赠送。赉，把物给人。

⑩必秉悃忱，则效不违：秉，秉持。悃忱，诚恳的心意。则效，效法，仿效。不违，不违背。

⑪ 精禽大海：精禽，指精卫。大海，指填海。

⑫ 惟挈大端，置其粗浅：惟挈，只提着。大端，这里指主要方面。置，置辞，即措辞。粗浅，自谦文辞粗略浅陋。

创作背景

1919年10月5日，诗人的母亲不幸逝世。毛泽东从长沙赶回韶山。10月8日，他写了这篇《祭母文》。

第一章　早期及中期作品

虞美人·枕上

堆来枕上愁何状，江海翻波浪。夜长天色总难明，寂寞披衣起坐数寒星①。

晓来百念都灰尽，剩有离人②影。一钩残月向西流，对此不抛眼泪也无由。

注释

① 寒星：借用鲁迅《自题小像》："寄意寒星荃不察。"句意。
② 离人：指杨开慧。

创作背景

1920年冬，毛泽东同杨开慧在长沙结婚。1921年夏，毛泽东与何叔衡东下上海，参加中共建党大会，与杨开慧暂别，遂作诗寄怀。

毛泽东手书《虞美人·枕上》

第一章　早期及中期作品

贺新郎·别友[①]

挥手从兹去。更那堪凄然相向,苦情重诉。眼角眉梢都似恨,热泪欲零还住。知误会前番书语[②]。过眼滔滔云共雾[③],算人间知己吾和汝。人有病[④],天知否?

今朝霜重东门[⑤]路,照横塘[⑥]半天残月[⑦],凄清如许。汽笛一声肠已断,从此天涯孤旅。凭[⑧]割断愁丝恨缕。要似昆仑崩绝壁,又恰像台风扫寰宇。重比翼,和云翥。

注释

① 别友：这首词是作者写给夫人杨开慧的。

② 知误会前番书语：前番,指上次。书语,书信中的话。

③ 过眼滔滔云共雾：过眼云雾,犹过眼云烟。滔滔,流逝,消失。云雾,比喻误会。

④ 人有病：指因误会和惜别使作者感到的痛楚。

⑤ 东门：古诗词中常用东门泛指送别之地。

⑥ 横塘：指长沙小吴门外的清水塘,当时作者和杨开慧住的地方。

⑦ 半天残月：下半月的"峨眉月",即下弦月,形状如钩,月末拂晓时见于东方天空。因它偏挂天的半边,故称"半天残月"。

⑧ 凭：意思是借以,包含两方,非单"请求"彼方。

毛泽东诗词鉴赏：朗读版

 创 作 背 景

  1923年11月，毛岸英刚出生不久，毛泽东奉党中央之命，从长沙到上海，再转广州，参加国民党第一次全国代表大会。这是一首描写夫妻依依惜别的词。

第一章　早期及中期作品

沁园春·长沙

独立寒秋，湘江①北去，橘子洲②头。看万山红遍，层林尽染，漫江碧透，百舸③争流。鹰击长空，鱼翔浅底④，万类霜天竞自由⑤。怅寥廓⑥，问苍茫大地，谁主沉浮？

携来百侣曾游。忆往昔峥嵘岁月稠。恰同学少年，风华正茂，书生意气，挥斥方遒。指点江山，激扬文字，粪土当年万户侯⑦。曾记否，到中流击水⑧，浪遏飞舟？

注释

①湘江：湖南省的最大河流，流经长沙，北入洞庭湖。

②橘子洲：又名水陆洲，是长沙城西湘江中一个狭长的小岛，产橘，故称橘子洲。

③舸：大船。汉·扬雄《方言》卷九："南楚江湘，凡船大者谓之舸。"

④浅底：指水清澈见底。

⑤万类霜天竞自由：众多动物在秋天自由地活动。

⑥寥廓：广远空阔。

⑦粪土当年万户侯：万户侯，古代食邑万户的侯爵。侯，这里喻指当时的军阀和政客。

⑧击水：作者自注："击水：游泳。"

毛泽东诗词鉴赏：朗读版

此词最早发表在《诗刊》1957年1月号。《毛泽东年谱（1893—1949）》把这首词创作时间定为1925年秋。也就是毛泽东8月25日由韶山到长沙，9月上旬离开长沙到广州参加国民党第二次全国代表大会筹备工作期间。1925年，毛泽东在韶山一边养病，一边领导开展农民运动。湖南省省长赵恒惕派人去韶山缉捕毛泽东，毛泽东应是秘密进入长沙的，所以才有"独立寒秋"语。

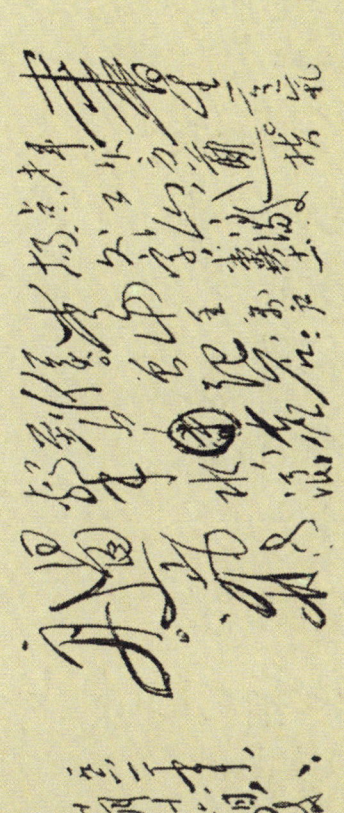

毛泽东手书《沁园春·长沙》（一）

沁园春

独立寒秋，
湘江北去，
橘子洲头。
看万山红遍，
层林尽染；
漫江碧透，
百舸争流。
鹰击长空，
鱼翔浅底，
万类霜天竞自由。
怅寥廓，
问苍茫大地，
谁主沉浮？

携来百侣曾游，
忆往昔峥嵘岁月稠。
恰同学少年，
风华正茂；
书生意气，
挥斥方遒。
指点江山，
激扬文字，
粪土当年万户侯。
曾记否，
到中流击水，
浪遏飞舟。

毛泽东手书《沁园春·长沙》（二）

毛泽东手书《沁园春·长沙》(三)

沁园春·长沙

独立寒秋，湘江北去，橘子洲头。看万山红遍，层林尽染；漫江碧透，百舸争流。鹰击长空，鱼翔浅底，万类霜天竞自由。怅寥廓，问苍茫大地，谁主沉浮？

携来百侣曾游，忆往昔峥嵘岁月稠。恰同学少年，风华正茂；书生意气，挥斥方遒。指点江山，激扬文字，粪土当年万户侯。曾记否，到中流击水，浪遏飞舟？

毛泽东手书《沁园春·长沙》（四）

毛泽东手书《沁园春·长沙》（五）

毛泽东手书《沁园春·长沙》（六）

第一章　早期及中期作品

菩萨蛮·黄鹤楼①

茫茫九派②流中国，沉沉一线穿南北③。烟雨莽苍苍，龟蛇锁大江④。

黄鹤知何去？剩有游人处。把酒酹滔滔，心潮逐浪高！

注释

①黄鹤楼，据传三国孙吴黄武二年（223）于武昌黄鹤矶建楼，因矶名楼，称黄鹤楼。

②九派：派，水的支流。相传在长江中游一带有九条支流同长江汇合，所以称"九派"。

③一线穿南北：指当时长江以南的粤汉铁路和以北的京汉铁路。一线，指长江。穿，穿连。

④龟蛇锁大江：龟蛇指龟山和蛇山，蛇山在武昌城西长江边，与对岸汉阳的龟山隔江对峙，像把长江锁住了一般。

创作背景

1927年4月12日，国民党军队缴了上海工人纠察队的枪，上海总工会及所属工会全部被封闭，大批共产党员和工人领袖被逮捕杀害。7月15日，汪精卫在武汉召开国民党武汉中央常委会扩大会议，通过了"分共"的决议案，第一次国共合作彻底失败。毛泽东途经武汉，登上黄鹤楼写下此词以表心志。作者自注："1927年，大革命失败的前夕，心情苍凉，一时不知如何是好，这是那年的春季。夏季，8月7号，党的紧急会议，决定武装反击，从此找到了出路。"此词最早发表在《诗刊》1957年1月号。

茫茫九派流中国,沉沉一线穿南北。烟雨莽苍苍,龟蛇锁大江。

黄鹤知何去?剩有游人处。把酒酹滔滔,心潮逐浪高。

调寄菩萨蛮 黄鹤楼 一九二七

毛泽东手书《菩萨蛮·黄鹤楼》(一)

茫茫九派流中国，沉沉一线穿南北。烟雨莽苍苍，龟蛇锁大江。

黄鹤知何去？剩有游人处。把酒酹滔滔，心潮逐浪高。

毛泽东手书《菩萨蛮·黄鹤楼》（二）

茫茫九派流中国,沉沉一线穿南北,烟雨莽苍苍,龟蛇锁大江。

黄鹤知何去?剩有游人处。把酒酹滔滔,心潮逐浪高。

毛泽东手书《菩萨蛮·黄鹤楼》(三)

菩萨蛮

茫茫九派流中国,沉沉一线穿南北。烟雨莽苍苍,龟蛇锁大江。

黄鹤知何去?剩有游人处。把酒酹滔滔,心潮逐浪高。

第一章 早期及中期作品

西江月·秋收起义[①]

军叫工农革命,旗号镰刀斧头。匡庐[②]一带不停留,要向潇湘直进。

地主重重压迫,农民个个同仇。秋收时节暮云愁,霹雳一声暴动[③]。

注释

[①] 秋收起义:1927年大革命失败,中国共产党"八七会议"决定发动农民在秋收季节举行武装起义。毛泽东在湖南省东北部和江西省西北部领导农民、工人和一部分北伐军,成立一支工农革命军。10月,毛泽东率领起义部队到达井冈山地区,成功创立了中国第一个农村革命根据地。

[②] 匡庐:传说商周时期有匡续在今江西庐山结庐,因称匡庐或庐山。

[③] 暴动:依湖南方音押"进"字韵。

创作背景

1927年8月,毛泽东以中央特派员身份到湖南传达会议精神,改组省委,领导秋收起义。9月初,毛泽东在安源张家湾主持会议部署,点燃了秋收起义的烈火。起义几天后,毛泽东写下了这首《西江月·秋收起义》。

西江月·井冈山

山下旌旗在望,山头鼓角①相闻。敌军围困万千重,我自岿然②不动。

早已森严壁垒,更加众志成城。黄洋界上炮声隆,报道敌军宵遁。

注释

① 鼓角:古代军队用的战鼓和号角。

② 岿然:形容高踞屹立,攻不可破。这里指红军在强敌围困下稳如泰山的气概。

创作背景

1928年9月26日,毛泽东率主力回归井冈山后,为黄洋界保卫战的胜利填写了这首《西江月·井冈山》。这首词最早发表在《诗刊》1957年1月号。

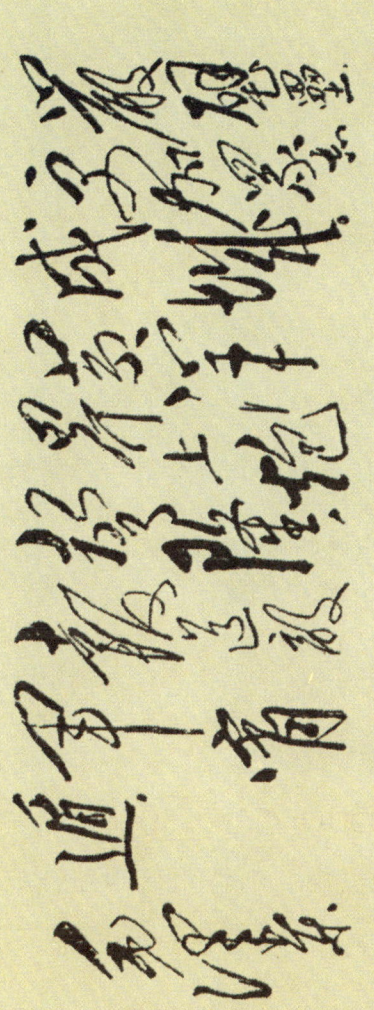

毛泽东手书《西江月·井冈山》

采桑子·重阳

人生易老天难老,岁岁重阳。今又重阳,战地黄花分外香①。

一年一度秋风劲,不似春光。胜似春光,寥廓江天万里霜②。

注释

① 战地黄花分外香:战地,词中称上杭等地为"战地"。黄花,指菊花。

② 霜:指霜叶,代表秋色。唐杜牧《山行》:"霜叶红于二月花。"

创作背景

1929年重阳节是阳历10月11日。当日,在福建省永定县合溪养病的毛泽东,由地方武装用担架护送到上杭县城,同朱德等红四军领导人会合。他在居住的上杭县城临江楼上吟成此词。

毛泽东手书《采桑子·重阳》

清平乐·蒋桂战争①

风云突变,军阀重开战。洒向人间都是怨,一枕黄粱再现②。

红旗跃过汀江③,直下龙岩上杭④。收拾金瓯一片⑤,分田分地真忙。

注释

① 蒋桂战争:指1929年国民党蒋系和桂系争夺两湖之战。

② 一枕黄粱:出自唐沈既济小说《枕中记》,卢生在邯郸客店里向道士吕翁诉说自己的穷困不得志,当时店主正在蒸黄粱(黄小米)做饭,吕翁给卢生一个瓷枕让他睡觉,卢生梦里果然享尽荣华富贵,醒来黄粱还没有蒸熟。

③ 汀江:韩江上游,又名白石溪。源出福建省西部长汀,南流入广东省境内。

④ 龙岩、上杭:县名,上杭位于龙岩西,在福建西南部。

⑤ 收拾金瓯一片:化用黄兴"收拾金瓯还汉胤"句。金瓯原喻国家疆域完整无缺。这里指革命根据地。

创作背景

1929年4月,蒋、桂两派间爆发了战争,此词作于红军攻占上杭之后。

毛泽东手书《清平乐·蒋桂战争》（一）

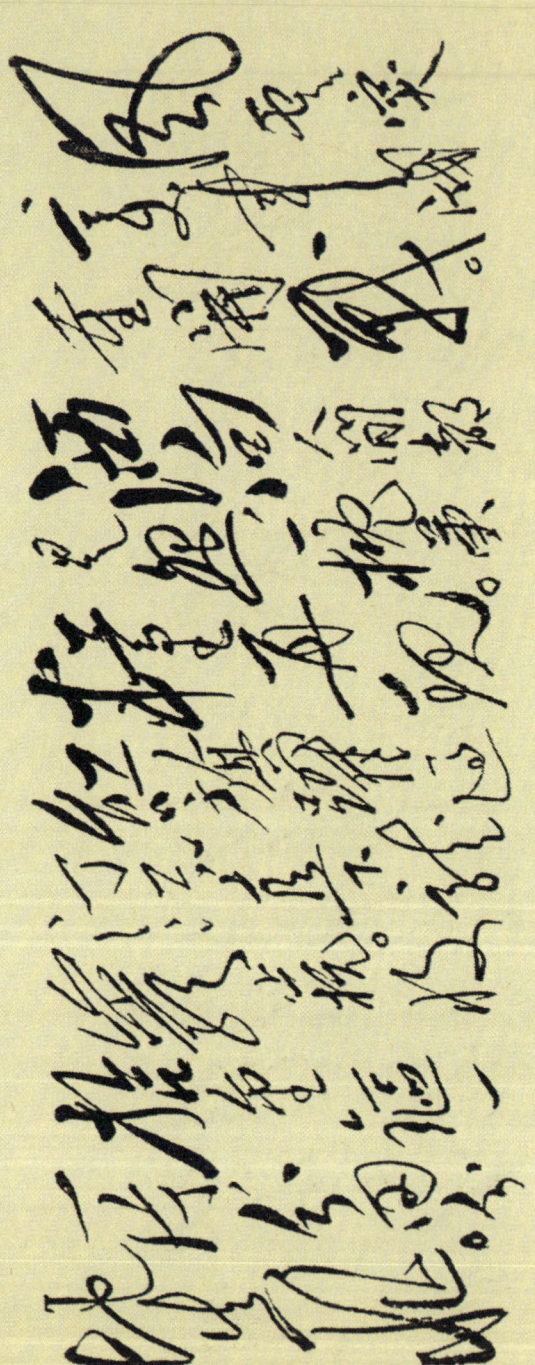

毛泽东手书《清平乐·蒋桂战争》（二）

第一章　早期及中期作品

如梦令·元旦[①]

宁化、清流、归化[②],路隘林深苔滑。
今日向何方,直指武夷山下。
山下,山下,风展红旗如画。

注释

① 元旦：题中"元旦",指农历正月初一,即1930年1月30日。

② 宁化、清流、归化：福建西部的三个县,归化县后改为明溪县。

创作背景

1930年1月16日,朱德率领红四军第一、三、四纵队挺进江西。由毛泽东率第二纵队掩护主力转移,而后从古田北上,经连城、归化（今明溪）、清流、宁化,翻越武夷山,于1月24日到达广昌,同朱德率领的主力部队会合。此词写于两路红军会合之后。

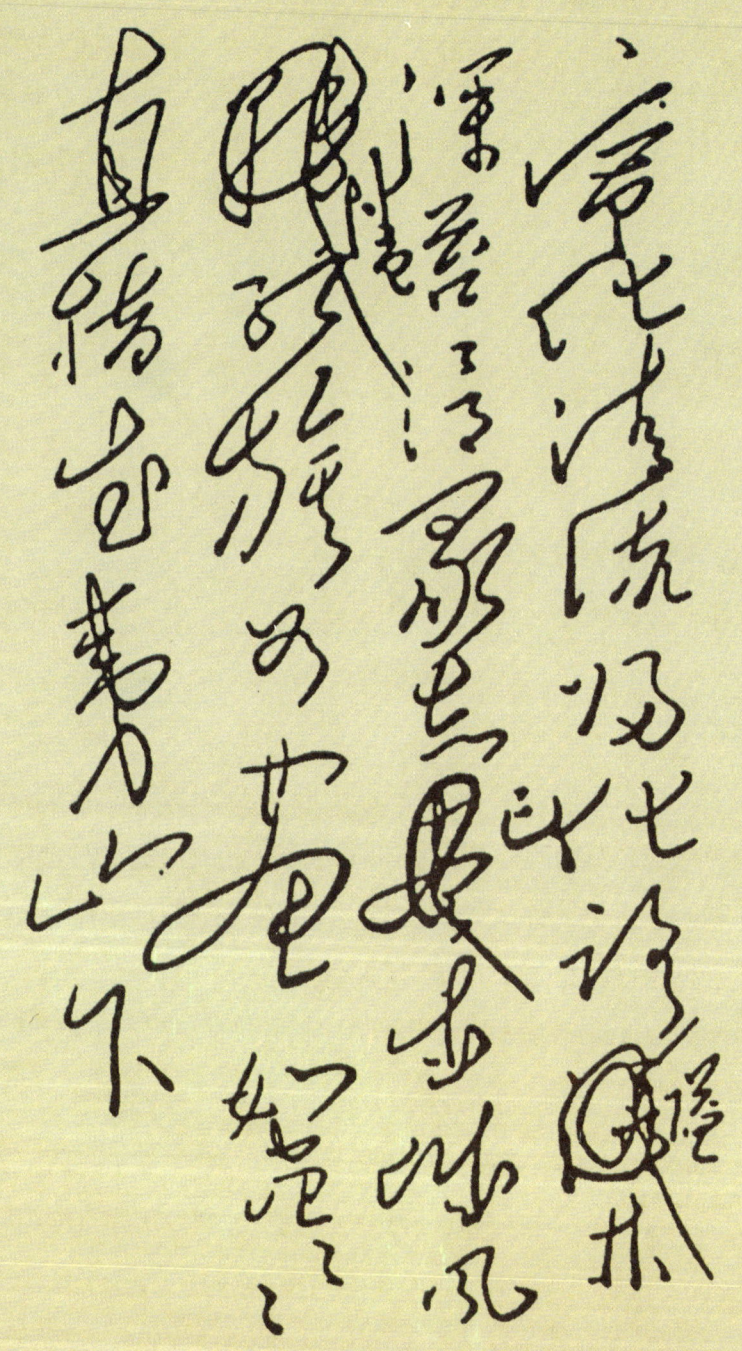

毛泽东手书《如梦令·元旦》

减字木兰花·广昌路上

漫天皆白,雪里行军情更迫①。头上高山,风卷红旗过大关②。

此行何去?赣江③风雪迷漫处。命令昨颁,十万工农下吉安。

注释

① 情更迫:首次发表时原作为"无翠柏",1963年12月人民文学出版社出版的《毛主席诗词》改为"情更迫"。

② 风卷红旗过大关:化用唐·岑参《白雪歌送武判官归京》诗"风掣红旗冻不翻"句。大关,这里指险要的山口。

③ 赣江:由章水、贡水流到赣州市汇合而成,北流经吉安、南昌注入鄱阳湖。

创作背景

1930年2月,国民党军调集七个旅十二个团,开始对赣西南革命根据地和红军进行"会剿",毛泽东、朱德等遂决定不攻吉安,改在吉水县水南、吉安县值夏一带,打孤军进犯的国民党军唐云山旅。红军刚上征程,就遇天降大雪,毛泽东在马背上吟出了这首《减字木兰花·广昌路上》。

毛泽东手书《减字木兰花·广昌路上》

第一章　早期及中期作品

蝶恋花·从汀州向长沙

六月天兵征腐恶[①]，万丈长缨要把鲲鹏缚[②]。赣水那边红一角[③]，偏师借重黄公略[④]。

百万工农齐踊跃，席卷江西直捣湘和鄂。国际悲歌歌一曲，狂飙为我从天落。

注释

① 天兵征腐恶：出自《文选》李善注："天兵，言兵威之盛如天也。"

② 万丈长缨要把鲲鹏缚：长缨，长绳索。这里指革命力量。鲲鹏，出自《庄子·逍遥游》，一种极大的鱼变成的极大的鸟。这里作贬义用。

③ 赣水那边红一角：指赣西南的赣江流域黄公略率领的红六军（1930年7月改称红三军）所建立的根据地。

④ 黄公略（1898—1931）：湖南湘乡人。1927年参加中国共产党。1930年任红三军军长。1931年9月，牵江西省吉安的东固地区牺牲。

创作背景

1930年夏，当时中央领导人不顾毛泽东反对，错误决定攻打南昌、武汉、长沙。此词就是毛泽东于1930年6月奉命率红一军团由福建汀州出发，7月进逼南昌，随后攻打长沙的进军途中所作。

渔家傲·反第一次大"围剿"

万木霜天红烂漫,天兵怒气冲霄汉。雾满龙冈①千嶂暗,齐声唤,前头捉了张辉瓒②。

二十万军重入赣③,风烟滚滚来天半。唤起工农千百万,同心干,不周山下红旗乱④。

注释

①龙冈:江西省永丰县的南部城镇。

②张辉瓒:国民党"围剿"军前敌总指挥、第十八师师长。于龙冈战役被俘。

③二十万军重入赣:国民党在第一次"围剿"失败后,又调集二十万兵力至江西,1931年4月发动第二次"围剿"。

④不周山下红旗乱:用触倒不周山的共工比喻决心打倒反革命统治的工农红军和革命群众。

创作背景

此词作于第一次反"围剿"胜利之后,第二次反"围剿"交战之前。1930年12月,面对国民党的"围剿",红军诱敌深入,集中优势兵力,在12月30日乘雾对进入龙冈包围圈内的敌军主力张辉瓒第十八师发起总攻,俘获张辉瓒及以下官兵九千余人。接着乘胜追击逃至东韶的敌军另一主力谭道源第五十师,又歼灭其一半。第一次反"围剿"胜利结束。

第一章　早期及中期作品

渔家傲·反第二次大"围剿"①

白云山②头云欲立,白云山下呼声急,枯木朽株齐努力。枪林逼,飞将军自重霄入③。

七百里驱十五日,赣水苍茫闽山碧④,横扫千军如卷席。有人泣,为营步步嗟何及!

注释

①反第二次大"围剿":1931年5月16日,战斗打响,5月31日,第二次反"围剿"胜利结束。

②白云山:位于江西省吉安县东南,是第二次反"围剿"中毛泽东、朱德指挥打第一仗的地方。

③枪林逼,飞将军自重霄入:飞将军,指矫捷勇猛的将军。《史记·李将军列传》:"(李)广居右北平,匈奴闻之,号曰'汉之飞将军'。"重霄,高空。指集结在山上的红军,突然从山上打到山下,好像飞将军从天而降。

④七百里驱十五日,赣水苍茫闽山碧:反"围剿"战役从5月16日开始至31日结束,共用了十五天。

创作背景

这首词写于1931年第二次反"围剿"胜利之后。经过第一次反"围剿",毛泽东为第二次反"围剿"的战略行动做了精心部署,将敌军诱入伏击圈,痛歼敌军。

菩萨蛮·大柏地①

赤橙黄绿青蓝紫,谁持彩练当空舞?雨后复斜阳②,关山阵阵苍。

当年鏖战③急,弹洞④前村⑤壁。装点此关山,今朝更好看。

注释

①大柏地:是江西瑞金市城北一小镇,在瑞金、宁都、石城、于都四县之间。

②雨后复斜阳:化用唐温庭筠词"雨后却斜阳"句,雨过天晴的景色。

③鏖战:激烈的战斗。

④洞:射穿。

⑤前村:前面的村子,当时叫杏坑,现已因本词改名为前村。

创作背景

1933年夏,毛泽东重过大柏地时作了这首词。当时他已被调离军事领导岗位,专任政府工作。旧地重来,他心情复杂,回忆起1929年和朱德率领红军由井冈山向赣南、闽西进军,在大柏地战斗中歼灭追敌近两个团,俘敌八百余人的场景。这首词最早发表在《诗刊》1957年1月号。

毛泽东手书《菩萨蛮·大柏地》

清平乐·会昌[①]

东方欲晓,莫道君行早。踏遍青山人未老,风景[②]这边独好。

会昌城外高峰[③],颠连直接东溟[④]。战士指看南粤[⑤],更加郁郁葱葱。

注释

①会昌:县名,在江西省东南部,东连福建省,南经寻乌县通广东省。中共粤赣省委驻地。

②风景:这里指毛泽东当时亲自指导下并已取得胜利的"南方战线"。

③会昌城外高峰:指会昌城西北的会昌山,又名岚山岭。在20世纪60年代作者曾回忆说:"会昌有高山,天不亮我就去爬山。"

④颠连直接东溟:颠连,山峰连绵不断。东溟,指东海。

⑤南粤:这里指广东。

创作背景

1934年夏,毛泽东在中共粤赣省委所在地会昌进行调查研究和指导工作。7月23日天不亮,毛泽东同志带领粤赣省委干部和警卫员去登会昌山。此词写了登山沿途的所见所感。这首词最早发表在《诗刊》1957年1月号。

毛泽东手书《清平乐·会昌》（一）

东方欲晓，莫道天川早。踏遍青山人未老，风景这边独好。

会昌城外高峰，颠连直接东溟。战士指看南粤，更加郁郁葱葱。

一九三四年夏

清平乐

东方欲晓,莫道君行早,踏遍青山人未老,风景这边独好。

会昌城外高峰,颠连直接东溟,战士指看南粤,更加郁郁葱葱。

毛泽东手书《清平乐·会昌》（三）

东方欲晓,莫道君行早。踏遍青山人未老,风景这边独好。

会昌城外高峰,颠连直接东溟。战士指看南粤,更加郁郁葱葱。

东方欲晓,莫道天行早,踏遍青山人未老,风景这边独好。

会昌城外高峰,颠连直接东溟,战士指看南粤,更加郁郁葱葱。

毛泽东手书《清平乐·会昌》(五)

十六字令·三首[①]

其一

山，快马加鞭未下鞍。惊回首，离天三尺三。

其二

山，倒海翻江卷巨澜[②]。奔腾急，万马战犹酣。

其三

山，刺破青天锷未残[③]。天欲堕，赖以拄其间。

注释

① 这三首词都是描写作者在行军途中所经历的艰难险阻，是作者内在心态、思想、感情和精神的外化。

② 倒海翻江卷巨澜：巨澜，大浪。此句比喻群山的起伏似大浪翻卷。

③ 锷未残：锷，刀剑锋刃。这里用剑锋未残缺来比喻山峰的高耸。

创作背景

1934年到1935年间，中国共产党领导的革命事业和中华民族的生存正面临着严峻挑战。在这关键时刻，中国共产党勇敢地接受了内忧外患的双重挑战，毅然率领中央红军进行战略大转移，即二万五千里长征。这三首词最早发表在《诗刊》1957年1月号。

山。快马加鞭未下鞍。惊回首，离天三尺三。

山。倒海翻江卷巨澜。奔腾急，万马战犹酣。

山。刺破青天锷未残。天欲堕，赖以拄其间。

毛泽东手书《十六字令·三首》（一）

毛泽东手书《十六字令·三首》(二)

第一章　早期及中期作品

六言诗·给彭德怀同志

山高路远坑深①，大军纵横驰奔。
谁敢横刀立马②？唯我彭大将军！

注释

① 坑深：地势险峻。这里指陕北高原地区众多的深沟。
② 立马：驻马。

创作背景

　　1935年10月，红军经过千辛万苦到达陕北，国民党派五个骑兵团尾随而至。为了防止国民党骑兵团进入陕北革命根据地，彭德怀指挥先遣队在吴起镇附近进行了"断尾"战斗。歼灭敌军一个骑兵团，取得了中央红军到达陕北后的第一场胜仗。毛泽东特作本诗赠予彭德怀。

　　这首诗1947年8月1日发表在《战友报》（冀鲁豫军区政治部主办）。

忆秦娥·娄山关①

西风烈,长空雁叫霜晨月②。霜晨月,马蹄声碎,喇叭声咽。

雄关漫道③真如铁,而今迈步从头越④。从头越,苍山如海,残阳如血。

注释

①娄山关:又名太平关。在贵州省遵义城北娄山的最高峰上,是贵州北部重镇遵义的重要关口。

②西风烈,长空雁叫霜晨月:西风,古人写秋多用西风,这里实为当地2月间的情景。南方冬天多无雪,而只下霜,长空有雁,像北方的深秋。

③漫道:莫说,别说。

④从头越:重新跨越,指红军第二次越过天险娄山关。

创作背景

1935年1月,红军占领了遵义,此词描写了攻克娄山关的战斗情景。上阕写红军拂晓时向娄山关进军的情景;下阕写红军攻占和越过俗称天险的娄山关时,太阳还没有落山。此词最早发表在《诗刊》1957年1月号。

毛泽东手书《忆秦娥·娄山关》（一）

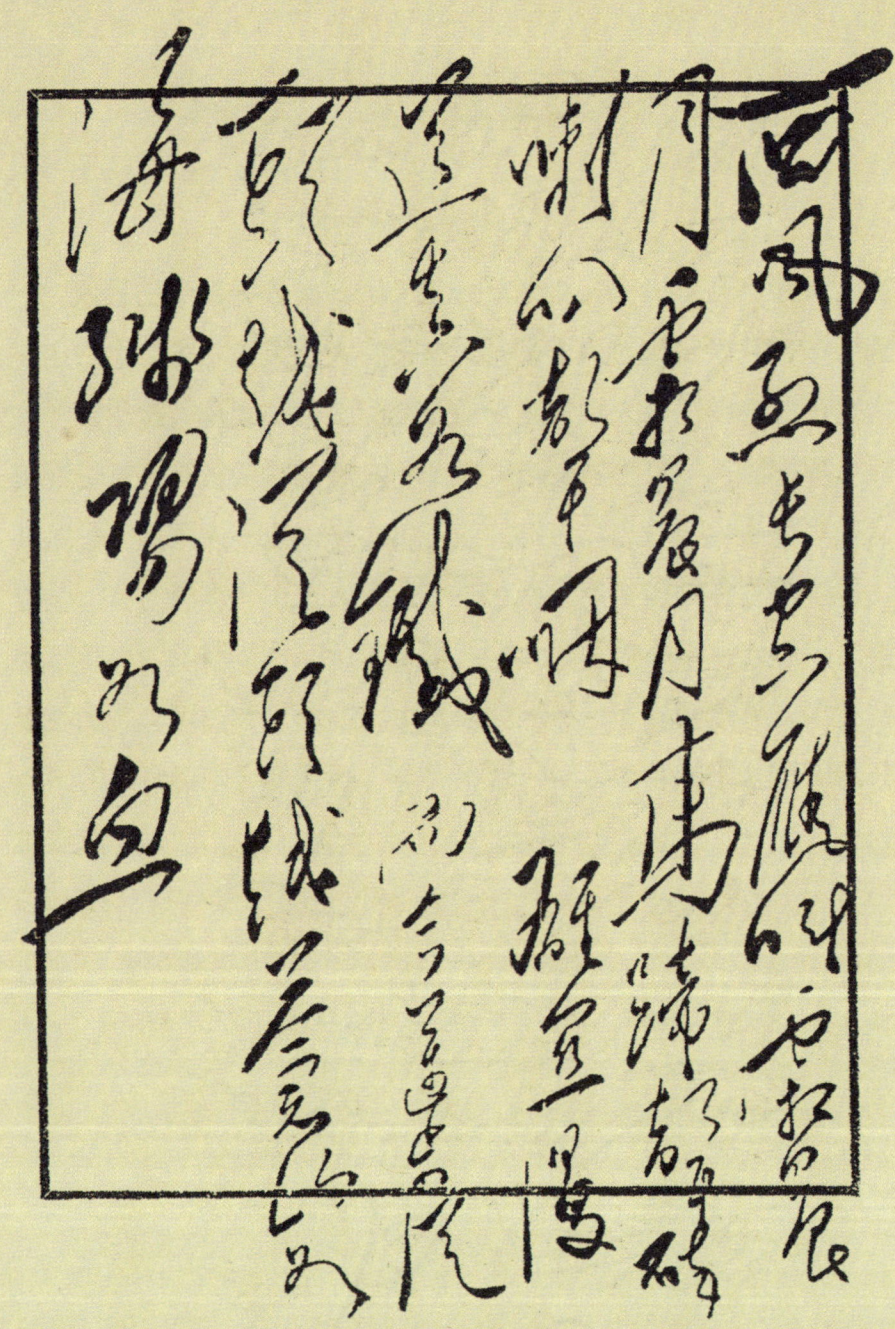

毛泽东手书《忆秦娥·娄山关》（二）

西风烈,长空雁叫霜晨月。霜晨月,马蹄声碎,喇叭声咽。雄关漫道真如铁,而今迈步从头越。从头越,苍山如海,残阳如血。

毛泽东手书《忆秦娥·娄山关》(三)

忆秦娥

西风烈,长空雁叫霜晨月。霜晨月,马蹄声碎,喇叭声咽。

雄关漫道真如铁,而今迈步从头越。从头越,苍山如海,残阳如血。

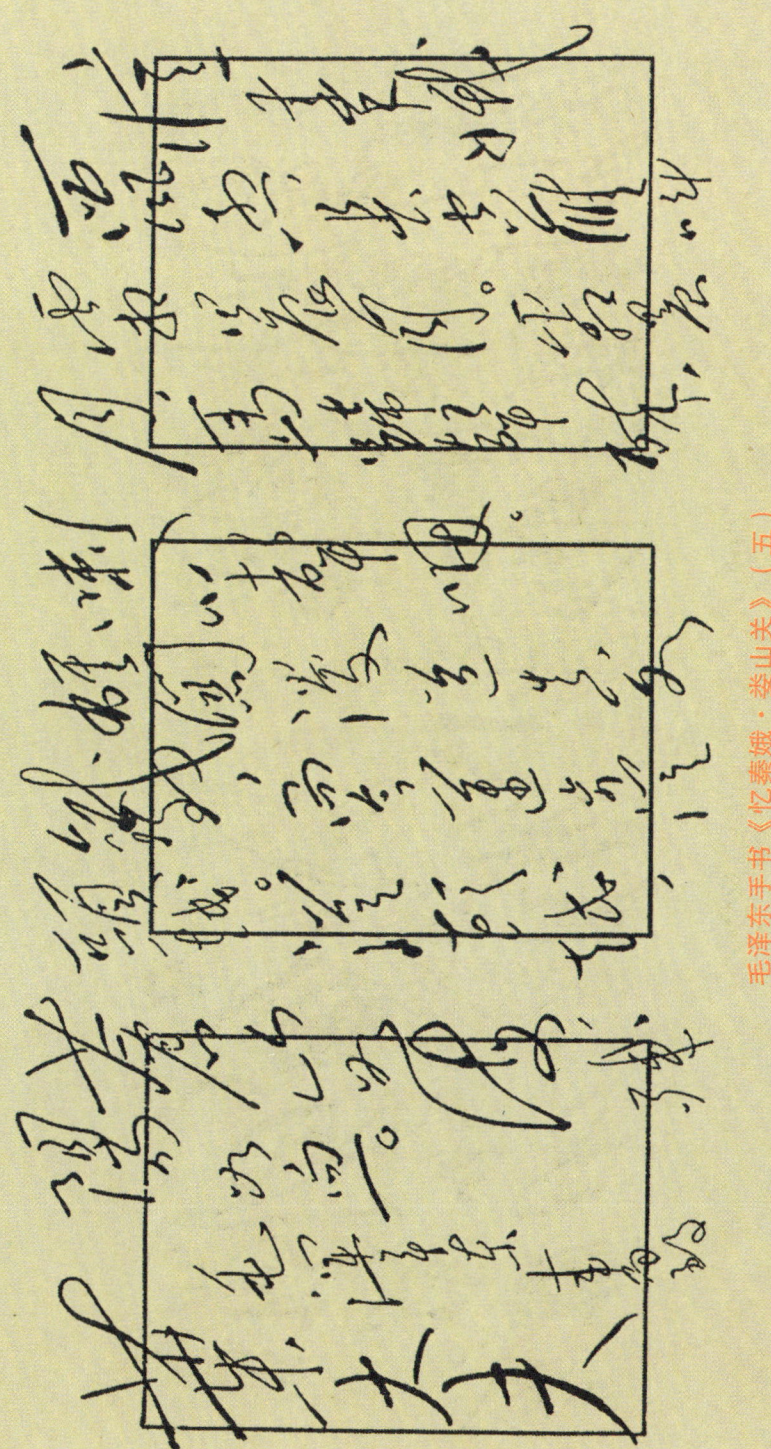

毛泽东手书《忆秦娥·娄山关》（五）

毛泽东手书《忆秦娥·娄山关》（六）

第一章　早期及中期作品

七律·长征①

红军不怕远征难，万水千山只等闲。
五岭逶迤腾细浪②，乌蒙磅礴走泥丸③。
金沙水拍云崖暖④，大渡桥横铁索寒⑤。
更喜岷山千里雪，三军过后尽开颜⑥。

注释

①长征：1934年10月间，中央红军主力从中央革命根据地出发作战略大转移，经过福建、江西、广东、湖南、广西、贵州、四川、云南、西康、甘肃、陕西等十一省，击溃了敌人多次的围追和堵截，行军二万五千里，终于在1935年10月到达陕北革命根据地。

②五岭逶迤腾细浪：指大庾、骑田、萌渚、都庞、越城等五岭。逶迤，蜿蜒曲折。形容江西、湖南、广东、广西四省边境的五岭山道，"腾细浪"指险峻的五岭绵延起伏，似水面漾起的细小波浪。

③乌蒙磅礴走泥丸：乌蒙山在贵州、云南两省交界之处，气势雄伟。"走泥丸"是指乌蒙山在红军脚下就像滚动的细小泥丸。

④金沙水拍云崖暖：金沙江，即长江上游自青海省玉树县至四川省宜宾县之间的一段。云崖，江的两岸，指高耸入云的悬崖峭壁。暖，即暖翠，指晴明时青翠的山色。本句"水拍"原作"浪拍"。作者自注："水拍：改浪拍。这是一位不相识的朋友建议如此改的。他说：不要一篇内有两个浪字，是可以的。"

⑤大渡桥横铁索寒：大渡河，古称北江、泸水、濛水等。两岸都是高山峻岭，水势陡急，曲折流至四川省乐山市，入岷江。桥指大渡河上的泸定桥，在四川省泸定县，形势险要。桥长100米左右，用13根铁索组成，上铺木板。寒，铁索放射的寒光，同时影射敌人的冷酷和形势的严峻。

⑥三军过后尽开颜：作者自注："红军一方面军，二方面军，四方面军。不是海、陆、空三军，也不是古代晋国所作上军、中军、下军的三军。"开颜，欢腾。

创作背景

1935年10月初，毛泽东率领红军来到甘肃通渭，在城东的一所小学校里召开全军副排长以上的会议，毛泽东向全体干部讲述了长征的意义并朗诵了这首诗。这首诗最早发表在《诗刊》1957年1月号。

毛泽东手书《七律·长征》（一）

毛泽东手书《七律·长征》（二）

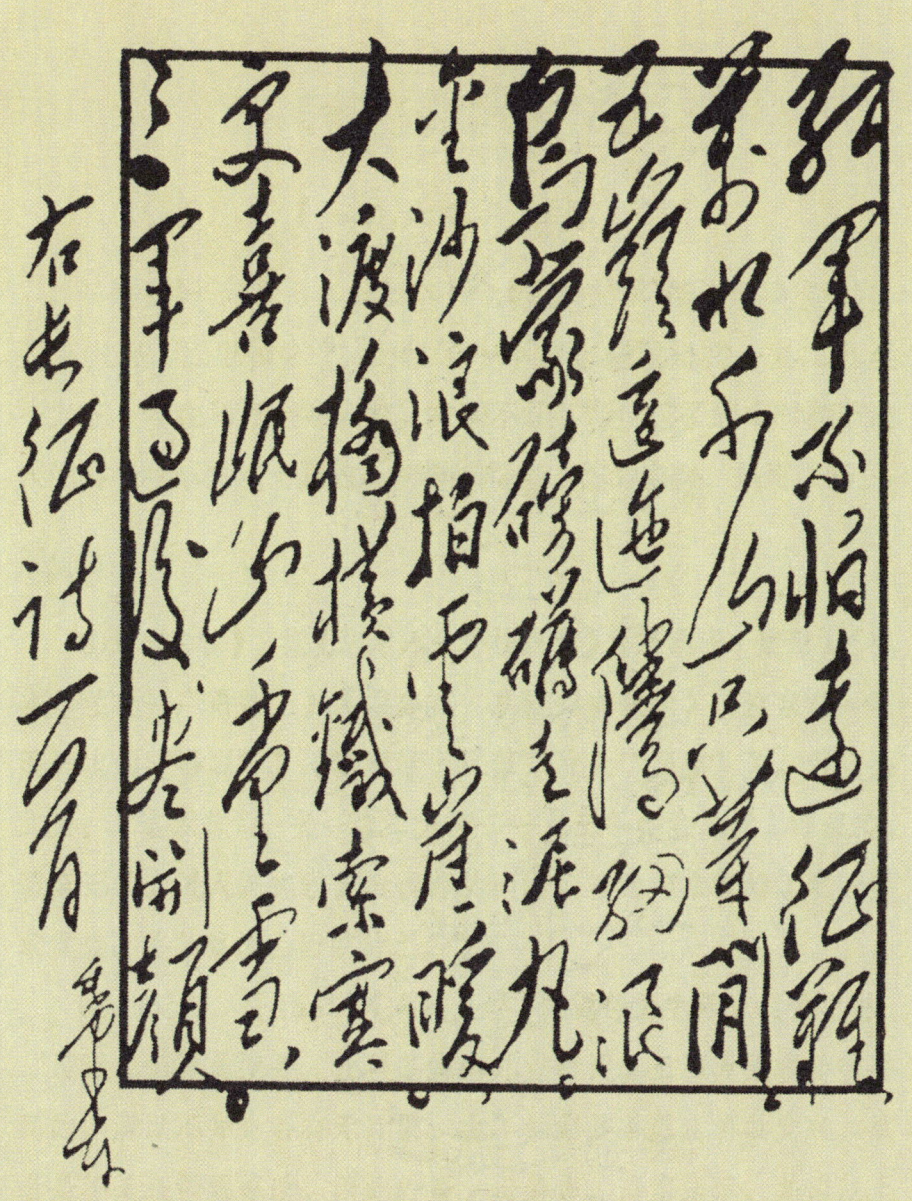

毛泽东手书《七律·长征》（三）

毛泽东手书《七律·长征》(四)

第一章　早期及中期作品

念奴娇·昆仑 ①

横空出世，莽昆仑，阅尽人间春色。
飞起玉龙三百万②，搅得周天寒彻③。
夏日消溶，江河横溢，人或为鱼鳖④。
千秋功罪⑤，谁人曾与评说？

而今我谓昆仑：不要这高，不要这多雪。
安得倚天抽宝剑，把汝裁为三截？
一截遗⑥欧，一截赠美，一截还东国。
太平世界，环球同此凉热。

①作者自注："昆仑：主题思想是反对帝国主义，不是别的。改一句：一截留中国，改为一截还东国。忘记了日本人是不对的。这样，英、美、日都涉及了。别的解释不合实际。"

②飞起玉龙三百万：玉龙，白色的龙；三百万是形容其多。作者原注："前人所谓，'战罢玉龙三百万，败鳞残甲满天飞'（宋·张元《雪》），说的是飞雪。这里借用一句，说的是雪山。夏日登岷山远望，群山飞舞，一片皆白。老百姓说，当年孙行者过此，都是火焰山，就是他借了芭蕉扇扇灭了火，所以变白了。"

③周天寒彻：冷彻天地。

④人或为鱼鳖：人们或许要被洪水淹死。《左传·昭公元年》：

毛泽东诗词鉴赏：朗读版

"微（没有）禹，吾其鱼乎！"

⑤功罪：指昆仑山脉几千年来，给长江、黄河提供水源和造成洪灾的"功"与"罪"。本词偏重于论"罪"。

⑥遗（wèi）：馈赠。

创作背景

此词作于 1935 年。当时中央红军走完了长征最后一段行程，即将到达陕北。毛泽东登上岷山峰顶，远望青海一带苍茫的昆仑山脉，创作了这一充满豪情的词章。此词最早发表在《诗刊》1957 年 1 月号。

毛泽东手书《念奴娇·昆仑》（一）

横空出世，莽昆仑，阅尽人间春色。飞起玉龙三百万，搅得周天寒彻。夏日消溶，江河横溢，人或为鱼鳖。千秋功罪，谁人曾与评说？

而今我谓昆仑：不要这高，不要这多雪。安得倚天抽宝剑，把汝裁为三截：一截遗欧，一截赠美，一截还东国。太平世界，环球同此凉热。

调寄念奴娇昆仑山
一九三五

念奴娇

横空出世,莽昆仑,阅尽人间春色。飞起玉龙三百万,搅得周天寒彻。夏日消融,江河横溢,人或为鱼鳖。千秋功罪,凭人评说?

而今我谓昆仑,不要这高,不要这多雪。安得倚天抽宝剑,把汝裁为三截:一截遗欧,一截赠美,一截还东国。太平世界,环球同此凉热。

(注)宋人咏雪诗云:飞起玉龙三百万,战退残鳞甲满天飞。昆仑多积雪,故以为喻。夏日登岷山,粟然白雪,若冰期积雪,为云拥,的确如此。改一句,试为译之。

清平乐·六盘山①

天高云淡，望断南飞雁②。不到长城③非好汉，屈指行程二万。

六盘山上高峰，红旗漫卷④西风。今日长缨在手⑤，何时缚住苍龙？

注释

①六盘山：在宁夏南部，甘肃东部。毛泽东在1935年10月上旬，突破敌人的封锁线，击溃了敌人的骑兵部队，胜利越过六盘山。

②望断南飞雁：王维《寄荆州张丞相》有"目尽南飞雁"句。望断，意久视之，直至看不见。

③长城：这里指六盘山附近遗存的古长城。

④红旗漫卷：首次发表时原作"旄头"，1963年版《毛主席诗词》改为"红旗"。漫卷，随风翻卷。

⑤今日长缨在手，何时缚住苍龙？南宋·刘克庄有《贺新郎》词："问长缨何时入手，缚将戎主？"

创作背景

1935年9月，红军长征进入甘肃南部，先占领通渭县城，继而又突破了西安、兰州公路封锁线，10月7日，在六盘山下的青石嘴，红

第一章 早期及中期作品

军与敌骑兵七师之一部遭遇，大败敌军。当天下午，红军登上了长征途中最后一座高山——六盘山。在山上，毛泽东作了这首词。

毛泽东手书《清平乐·六盘山》

第一章　早期及中期作品

临江仙·给丁玲同志①

壁上红旗飘落照②，西风漫卷③孤城。保安④人物一时新。洞中开宴会，招待出牢人。

纤笔一枝谁与似？三千毛瑟精兵。阵图开向陇山东，昨天文小姐，今日武将军。

注释

①丁玲：原名蒋冰之，1904年生，1932年参加中国共产党。湖南临澧县人。左联作家，著有长篇小说《太阳照在桑干河上》。1986年去世。

②保安：在陕西省西北部，当时是中共中央所在地，后改名志丹县。

③纤笔：纤细的笔，这里指丁玲的文笔。

④毛瑟：指德国毛瑟工厂所制造的步枪和手枪。厂主为毛瑟兄弟，故名。

创作背景

1936年11月22日，在保安，中国共产党在革命根据地成立了第一个文艺协会组织，即中国文艺协会，丁玲被推选为中国文协主任。毛泽东决定让丁玲跟着工农红军前方总政治部出发上前线，并为其作了这首词。因丁玲同志一直在前线，未能读到。次年春，丁玲陪同史沫特莱从前线回延安，会见了毛泽东，毛泽东抄录了这首词送给她。

临江仙

壁上红旗飘落照,西风漫卷孤城。保安人物一时新。洞中开宴会,招待出牢人。

纤笔一枝谁与似,三千毛瑟精兵。阵图开向陇山东。昨天文小姐,今日武将军。

毛泽东手书《临江仙·给丁玲同志》

第一章　早期及中期作品

沁园春·雪①

北国风光，千里冰封，万里雪飘。望长城内外，惟余莽莽②；大河上下，顿失滔滔③。山舞银蛇，原驰蜡象，欲与天公试比高。须晴日，看红装素裹，分外妖娆④。

江山如此多娇，引无数英雄竞折腰⑤。惜秦皇汉武⑥，略输文采⑦；唐宗宋祖⑧，稍逊风骚⑨。一代天骄⑩，成吉思汗⑪，只识弯弓射大雕⑫。俱往矣⑬，数风流人物，还看今朝。

注释

①雪：作者自注："雪：反封建主义，批判二千年封建主义的一个反动侧面。文采、风骚、大雕，只能如是，须知这是写诗啊！难道可以谩骂这一些人们吗？别的解释是错的。末三句，是指无产阶级。"

②惟余莽莽：惟余，只剩下。莽莽，本义形容原野无边无际，这里指原野白茫茫一片。

③大河上下，顿失滔滔：指黄河的上游和下游，因冰封而立刻消失滚滚的波浪。河，专指黄河。顿失，立刻失去。

④看红装素裹，分外妖娆：红日和白雪互相映照，分外娇媚。

⑤竞折腰：折腰，倾倒。这里指为国家奔走操劳。

⑥秦皇汉武：秦始皇嬴政（前259—前210），秦朝开国皇帝，也是中国第一位皇帝；汉武帝刘彻（前156—前87），汉朝功业

最盛的皇帝。

⑦略输文采：是说秦皇汉武，武功甚盛，对比之下，文治方面的成就略有逊色。

⑧唐宗宋祖：唐太宗李世民（599—649），唐朝建立统一大业的皇帝；宋太祖赵匡胤（927—976），宋朝开国皇帝。

⑨风骚：泛指文章辞藻。

⑩天骄：汉朝北方匈奴自称为"天之骄子"（见《汉书·匈奴传》）："南有大汉，北有强胡。胡者，天之骄子也。"后以"天骄"泛称强盛的边地民族。

⑪成吉思汗：元太祖铁木真（1162—1227）在1206年统一蒙古后的尊称，意思是"强者之汗"（即王）。

⑫只识弯弓射大雕：是说只以武功见长。

⑬俱往矣：都已过去了。

创作背景

作者在1945年10月7日给柳亚子的信中说，这首词作于"初到陕北看见大雪时"。

这首词最早发表在《诗刊》1957年1月号。

毛泽东手书《沁园春·雪》

四言诗·祭黄陵文①

赫赫始祖，吾华肇造②。
胄衍祀绵，岳峨河浩③。
聪明睿知④，光被遐荒⑤。
建此伟业，雄立东方。
世变沧桑，中更蹉跌⑥。
越数千年，强邻蔑德⑦。
琉台不守⑧，三韩为墟⑨。
辽海燕冀⑩，汉奸何多！
以地事敌，敌欲岂足。
人执笞绳⑪，我为奴辱。
懿维我祖，命世之英⑫。
涿鹿奋战，区宇以宁⑬。
岂其苗裔，不武如斯。
泱泱大国，让其沦胥⑭。
东等不才，剑屦俱奋⑮。
万里崎岖，为国效命。
频年苦斗，备历险夷⑯。
匈奴未灭，何以家为⑰？
各党各界，团结坚固。
不论军民，不分贫富。

民族阵线⑱，救国良方。

四万万众，坚决抵抗。

民主共和，改革内政。

亿兆一心，战则必胜。

还我河山，卫我国权。

此物此志，永矢勿谖⑲。

经武整军，昭告列祖。

实鉴临之，皇天后土⑳。

尚飨！

注释

①黄陵：即黄帝陵，传为黄帝的陵墓，在陕西省黄陵县城北的桥山上。相传炎帝扰乱各部落，黄帝率领各部落打败炎帝。后蚩尤扰乱，他又率领各部落击杀蚩尤。从此，他由部落首领被拥戴为部落联盟领袖。

②赫赫始祖，吾华肇造：赫赫，形容声名昭著、功业伟大。始祖，这里指轩辕黄帝，后世称"人文初祖"。肇造，始建。

③胄衍祀绵，岳峨河浩：胄，后代子孙。祀绵，祭礼绵延不断。岳峨，五岳巍峨。河，黄河。

④睿知：明智。知，通智。

⑤光被遐荒：光通广。被，及。遐荒，远方荒僻之地。这句意思是开拓疆域广及荒远之地。

⑥中更蹉跌：中更，中间经历。蹉跌：失足跌倒，比喻失误、挫折。

⑦强邻蔑德：强邻，这里指日本。蔑德，无视公德，这里指发动侵略战争。

⑧琉台不守：琉，指琉球国，原为中国属国，1879年被日本吞并。台，指台湾，1895年因《马关条约》割让给日本。不守，失守。

⑨三韩为墟：汉代时，朝鲜南部分为马韩、辰韩、弁辰三国，后代称朝鲜。为墟，成为废墟，这里指1910年日本吞并朝鲜。

⑩辽海燕冀：辽海，代指东北三省。燕冀，代指华北地区。

⑪笞绳：这里指刑具。笞，鞭子、棍棒。

⑫懿维我祖，命世之英：懿，美好德行。维，保护，维系。命世，同名世，闻名于世。

⑬涿鹿奋战，区宇以宁：涿鹿，在今河北省涿鹿县东南。区宇，疆域，天下。

⑭沦胥：沦陷。胥，文言副词，皆，都。

⑮东等不才，剑屦俱奋：东等，我们，指以毛泽东为代表的中共中央领导人。不才，自谦之词。剑屦俱奋，形容行动坚决迅速。

⑯备历险夷：备，尽。险夷，意思是历尽危险。

⑰匈奴未灭，何以家为：西汉抗击匈奴入侵的名将霍去病有"匈奴未灭，无以为家也"句。

⑱民族阵线：指中国共产党提出建立的抗日民族统一战线。

⑲永矢勿谖：出自《诗经·卫风·考槃》句："独寐寤言，永矢弗谖。"矢，誓。谖，忘记。意谓永志不忘。

⑳实鉴临之，皇天后土：晋·李密《陈情表》有："皇天后

第一章　早期及中期作品

土，实所共鉴"。实，助词，无义。鉴，明察。临之，来临。

创作背景

1937年，日本侵略者对中国发动大规模进攻的前夕，中华民族处于危亡的紧要关头，中国人民抗日救亡运动风起云涌。4月5日清明节这一天，中国共产党和中国国民党分别派出代表，共赴陕西黄帝陵，祭祀黄帝。

这篇祭文最早在1937年4月6日延安《新中华报》发表。

五律·挽戴安澜将军

外侮需人御,将军赋采薇①。
师称机械化,勇夺虎罴②威。
浴血东瓜③守,驱倭棠吉④归。
沙场竟殒命,壮志也无违⑤。

注释

① 将军赋采薇:赋,朗诵。采薇,《诗·小雅》中有《采薇》篇,描写了戍边兵士久历艰苦,在回乡的路上又饱受饥寒。这里指戴安澜将军出征御侮。

② 虎罴(pí):指虎豹熊罴。这里比喻凶猛的敌人。

③ 东瓜:即同古,缅甸南部重镇。

④ 棠吉:缅甸中部地名。

⑤ 无违:没有违背。

创作背景

这是1943年毛泽东在戴安澜将军追悼会所作挽联诗。1941年12月,太平洋战争爆发。1942年2月,日军为切断盟国援华物资的重要运输线——滇缅公路,向当时为英国殖民地的缅甸大举进攻。应英国政府要求,国民政府派遣远征军约十万人入缅作战。这次战役,中国远征军主力200师师长戴安澜部奋勇搏杀,表现最为突出。在撤退途中,戴安澜被流弹击中,身负重伤,不幸于5月26日殉国。

第一章　早期及中期作品

七律·重庆谈判

有田有地吾为主①，无法无天是为民②。
重庆有官皆墨吏③，延安④无土不黄金。
炸桥挖路为团结，夺地争城是斗争⑤。
遍地哀鸿⑥满城血，无非一念救苍生。

①有田有地吾为主：有田有地，指保有解放区。为，做。吾为主，意思是人民当家做主。毛泽东不同意重庆谈判中国民党提出要中共放弃解放区的要求。

②无法无天是为民：为，为了。在重庆谈判中，国民党坚持要中共交出军队，被毛泽东断然拒绝。1945年8月13日，毛泽东在《抗日战争胜利后的时局和我们的方针》一文中指出："今年三月一日蒋介石说过：共产党交出军队，才有合法地位。……我们没有交出军队，所以没有合法地位，我们是'无法无天'。"

③重庆有官皆墨吏：重庆，当时是国民党政府在1938年至1946年的陪都。墨吏，贪官污吏。

④延安：1937年1月至1947年3月为中共中央所在地。

⑤夺地争城是斗争：毛泽东在《抗日战争胜利后的时局和我们的方针》中指出："蒋介石对于人民是寸土必夺，寸利必得。我们呢？我们的方针是针锋相对，寸土必争。"

⑥哀鸿：哀鸣的大雁。比喻哀伤苦痛、流离失所的人。

毛泽东诗词鉴赏：朗读版

　　1945年8月，抗日战争胜利结束，毛泽东率中国共产党和谈代表团于1945年8月至10月，在重庆和中国国民党进行了43天的和平谈判。在军队政权的问题上，与国民党代表展开了激烈的斗争，共产党取得了民主人士、妇女界、民族工商业界以及外国友好人士的理解和支持。毛泽东吟成此诗，被大家传抄开来。此诗1947年4月22日首次在上海《大公报》发表。

第一章 早期及中期作品

五律·喜闻捷报

中秋步运河上,闻西北野战军收复蟠龙[1]作。

秋风度河上,大野入苍穹[2]。
佳令随人至[3],明月傍云生。
故里鸿音绝[4],妻儿信未通[5]。
满宇频翘望,凯歌奏边城[6]。

注释

[1] 蟠龙:在延安城东北,是一个古镇。

[2] 大野入苍穹:大野,一望无际的旷野。入,融为一体。苍穹,即苍天。

[3] 佳令随人至:佳令,美好的节令,这里指中秋节。1947年中秋节是阳历9月29日。人,这里指传递捷报的通信兵。

[4] 故里鸿音绝:故里,这里指作者居住长达十年之久的第二故乡延安。鸿音绝,音信已断绝。鸿,大雁。

[5] 妻儿信未通:1947年3月18日,毛泽东率中共中央机关撤离延安后,他的一双儿女立即去了晋绥解放区。随后,儿子毛岸英随中央工委转移到河北平山,女儿李讷随中央后方委员会留在晋西临县,妻子江青随作者转战陕北,在沙家店战役后去中央后委接李讷,到中秋节时尚未回来。作者在中秋佳节,写诗表达了思念之情。

[6] 凯歌奏边城:1947年8月,西北野战军在陕北取得沙家

毛泽东诗词鉴赏：朗读版

店战役胜利后，开始转入内线反攻。9月中下旬，陆续收复青化砭、蟠龙等城镇。边城，这里指陕甘宁边区的城镇，即蟠龙古镇。

创作背景

  1947年初，国共内战，中国人民解放军处于被动状态，敌强我弱。半年后全国的战事扭转，各大战场的人民解放军相继转入战略反攻阶段，人民解放军在羊马河、蟠龙、沙家店等战役取得胜利。中秋之夜，毛泽东作了这首诗。

第一章　早期及中期作品

五律·张冠道中①

朝雾弥琼宇②，征马嘶北风③。
露湿尘难染④，霜笼鸦不惊⑤。
戎衣犹铁甲⑥，须眉等银冰⑦。
踟蹰⑧张冠道，恍若塞上行。

注释

① 张冠：地名，在延安与延川之间。

② 琼宇：指天空。

③ 征马嘶北风：《古诗十九首》有"胡马依北风"句。北风，一般为冬天的风，这里是写陕北当时春天的实景。

④ 露湿尘难染：寒露打湿黄土地，尘土难以沾染衣物。

⑤ 霜笼鸦不惊：白霜笼地而有亮光，乌鸦习性有光而不惊叫。

⑥ 戎衣犹铁甲：军服因露湿霜沾雾浸而结冰，像铁衣一样又重又硬。铁甲，古代作战铠甲。

⑦ 须眉等银冰：胡须、眉毛因冷结霜。等，如同。

⑧ 踟蹰：徘徊不进。这里指部队慢行，意思是同敌人周旋。

创作背景

1947年3月中旬，国民党军14万余人，向中共中央所在地延安发动进攻。3月18日晚，毛泽东率领中共中央机关撤离延安。随后，他在陕北延川、清涧、子长、子洲、靖边等县转战。这首诗就创作于此时。

七律·人民解放军占领南京

钟山风雨起苍黄①,百万雄师过大江。
虎踞龙盘②今胜昔,天翻地覆慨而慷③。
宜将剩勇追穷寇④,不可沽名学霸王⑤。
天若有情天亦老,人间正道是沧桑⑥。

注释

① 钟山风雨起苍黄:钟山,即紫金山,在南京市的东北。苍黄,同仓皇,突然。

② 虎踞龙盘:形容地势优异。三国时诸葛亮看到吴国都城建业(今南京市南)的地势曾说:"钟山龙盘,石头虎踞,此帝王之宅。"石头,石头山,在今南京市西面。

③ 慨而慷:曹操《短歌行》:"慨当以慷。"

④ 宜将剩勇追穷寇:剩勇,形容人民解放军过剩的勇气。穷寇,走投无路的敌人。

⑤ 不可沽名学霸王:沽名,用某种手段猎取名誉。秦朝末年,项羽(曾自封西楚霸王)和刘邦(后来的汉高祖)同时起兵反秦。这里是指要从项羽的失败中得到教训,不可为了虚名,给敌人以卷土重来的机会。

⑥ 天若有情天亦老,人间正道是沧桑:1964年1月,作者就英译者对本句诗的提问答复说:"这是借用李贺的句子(《金铜仙人辞汉歌》)。与人间比,天是不老的。其实天也有发生、

第一章　早期及中期作品

发展、衰亡。天是自然界，包括有机界，如细菌、动物；自然界、人类社会，一样有发生和灭亡的过程。社会上的阶级，有兴起，有灭亡。"人间正道，人类社会发展的正常规律。沧桑，沧海变为桑田。

创作背景

1949年4月20日，内战已进入尾声，国民党军队全线溃败，拒绝在和平协定上签字。4月21日，毛泽东和朱德发出《向全国进军的命令》，号令全军坚决、彻底、干净、全部地歼灭中国境内一切敢于抵抗的国民党反动派，解放全中国。当夜，中国人民解放军百万雄师分三路强渡长江。23日晚，东路陈毅的第三野战军占领南京。毛泽东听到这个消息后写下了这首诗。

钟山风雨起苍黄,百万雄师过大江。虎踞龙盘今胜昔,天翻地覆慨而慷。宜将剩勇追穷寇,不可沽名学霸王。天若有情天亦老,人间正道是沧桑。

毛泽东手书《七律·人民解放军占领南京》

第一章　早期及中期作品

七律·和柳亚子先生[①]

饮茶粤海未能忘[②]，索句渝州叶正黄[③]。

三十一年还旧国[④]，落花时节读华章[⑤]。

牢骚太盛防肠断[⑥]，风物长宜放眼量。

莫道昆明池水浅[⑦]，观鱼胜过富春江[⑧]。

注释

①和柳亚子先生：柳亚子于1949年3月28日作《感事呈毛主席》一诗（附本篇后），这是作者的答诗。

②饮茶粤海未能忘：粤海，指广州。"饮茶"句即指当时作者同柳亚子的交往。柳亚子在1941年《寄毛主席延安》诗中，曾有"粤海难忘共品茶"之句。

③索句渝州叶正黄：毛泽东于1945年8月至10月曾到重庆，同国民党进行了四十多天的和平谈判。当时柳亚子曾索取诗稿，作者即手书《沁园春·雪》相赠。

④三十一年还旧国：旧国，过去的国都。毛泽东1918年和1919年曾两次到过北京，到1949年再来，前后相距约三十一年。作者自注："三十一年：一九一九年离开北京，一九四九年还到北京。"

⑤落花时节读华章：杜甫《江南逢李龟年》有"落花时节又逢君"句。华章，美丽的诗篇，指柳亚子的感事诗。

⑥牢骚太盛防肠断：意谓牢骚太多会损害健康。

⑦ 莫道昆明池水浅：杜甫《秋兴八首》有"昆明池水汉时功。"昆明池，这里指北京西郊颐和园内的昆明湖。当时柳亚子住在颐和园内。

⑧ 观鱼胜过富春江：观鱼，用鲁隐公观鱼的故事。《左传·隐公五年》载：隐公"将如棠观鱼"，一个大臣以为他真是观鱼，大力劝阻，隐公无法，才说"吾将略地焉"。所以"观鱼"这个典故，含有谋划军国大事之意。富春江在浙江省桐庐和富阳两县境内，东汉时隐士严子陵曾在那里游钓。

柳亚子原诗：感事呈毛主席

开天辟地君真健，说项依刘我大难。

席夺谈经非五鹿（用东汉戴凭与西汉五鹿充宗讲经事典），无车弹铗怨冯驩（冯驩，即冯谖，孟尝君门客）。

头颅早悔平生贱，肝胆宁忘一寸丹！

安得南征驰捷报，分湖便是子陵滩。

创作背景

1949年3月28日夜晚，国民党左派人士柳亚子作了一首《感事呈毛主席》，称感于国民党的混乱现状，要回家乡隐居。同年4月，毛泽东同志写《七律·和柳亚子先生》一词回赠，用严子陵隐居垂钓富春江畔这件事，劝柳亚子先生留在北京继续参加新中国的建设工作。

这首诗最早发表在《诗刊》1957年1月号。

毛泽东手书《七律·和柳亚子先生》

第二章　晚期作品

浣溪沙·和柳亚子先生

一九五〇年国庆观剧，柳亚子先生即席赋《浣溪沙》，因步其韵奉和。

长夜难明赤县①天，百年魔怪舞翩跹②，人民五亿不团圆。

一唱雄鸡天下白③，万方④乐奏⑤有于阗⑥，诗人兴会更无前⑦。

注释

①赤县：指中国。

②百年魔怪舞翩跹：自1840年中英鸦片战争时起，外国资本主义和帝国主义侵略者开始侵入中国。他们在中国横行霸道，好似群魔乱舞。从鸦片战争到全国解放，已有一百多年。

③一唱雄鸡天下白：李贺《致酒行》有"雄鸡一声天下白"。这里喻指中国解放。

④万方：古人称国为方。这里指全国各民族。

⑤乐奏：1958年9月文物出版社出版的《毛主席诗词十九首》中误刊为"奏乐"。

⑥于阗：新疆维吾尔自治区西南部县名，1959年改于田。当地人民以能歌善舞著称。

⑦诗人兴会更无前：兴会，犹言兴致。无前，过去没有过。

本句是说诗人柳亚子的兴致极高。

柳亚子原词：火树银花不夜天

　　火树银花不夜天。弟兄姊妹舞翩跹。歌声唱彻月儿圆。

　　不是一人能领导，哪容百族共骈阗？良宵盛会喜空前！

创作背景

　　1950年10月3日晚上，各少数民族文工团联合举行歌舞晚会。毛泽东对坐在前排的柳亚子先生说："这样的盛况，亚子先生为什么不填词以志盛？我来和。"柳亚子先生即席赋《浣溪沙》，以纪念大团结之盛况。毛泽东步其韵写了这首词。这首词最早发表在《诗刊》1957年1月号。

长夜难明赤县天，百年魔怪舞翩跹，人民五亿不团圆。

一唱雄鸡天下白，万方乐奏有于阗，诗人兴会更无前。

和柳亚子先生词一首

毛泽东

毛泽东手书《浣溪沙·和柳亚子先生》

浣溪沙·和柳亚子先生

颜斶①齐王各命前，多年矛盾廓无边②，而今一扫纪新元③。

最喜诗人高唱至，正和前线捷音④联，妙香山上战旗妍⑤。

注释

① 颜斶（chù）：战国时齐国人。《战国策·齐策四》载，齐宣王召见颜斶，说："斶前！"斶也说："王前！"齐宣王不高兴。斶说："夫斶前为慕势，王前为趋士。与（与其）使斶为趋势（一作慕势），不如使王为趋士。"这是指蒋介石与柳亚子的矛盾。

② 廓无边：无限扩大。

③ 而今一扫纪新元：指新中国诞生开创了新纪元。

④ 前线捷音：指抗美援朝战争第一次战役传来捷报。

⑤ 妙香山上战旗妍：妙香山，在朝鲜西北部。战旗，即军旗。妍，美丽，美艳。这里指在抗美援朝战争第一次战役中，收复了妙香山地区。

柳亚子原词：白鸽联翩奋舞前

白鸽联翩奋舞前，工农大众力无边，推翻原子更金圆。

战贩集团仇美帝，和平堡垒拥苏联，天安门上万红妍！

第二章 晚期作品

  1950年10月25日至11月5日,抗美援朝战争期间,毛泽东致电彭德怀,接连四次指示派兵占领和控制妙香山等制高点。当朝鲜前线传来第一次捷报时,11月毛泽东正好接到柳亚子的赠词,他格外欣喜,挥笔和了柳亚子的词。

颜斟阁上喜气盈盈，
盾庐学道南宁不择细流元。
最喜诗人高唱至和前线，
捷音硬妙看山上战旗妍。

和柳先生浣溪沙咏词一首

毛泽东

毛泽东手书《浣溪沙·和柳亚子先生》

第二章　晚期作品

浪淘沙·北戴河

大雨落幽燕[①]，白浪滔天，秦皇岛外打鱼船。一片汪洋都不见，知向谁边？

往事越千年，魏武挥鞭，东临碣石有遗篇[②]。萧瑟秋风今又是[③]，换了人间。

注释

①幽燕（yān）：我国古代分十二州，传舜分冀州东北为幽州。地属燕国，《尔雅·释地》："燕曰幽州。"周称幽燕，即今河北、辽宁一带。幽州和燕国，都在今河北省北部一带。

②魏武挥鞭，东临碣石有遗篇：魏武，即曹操（后被尊称魏武帝）和乌桓作战凯旋。挥鞭，即指跃马指挥作战。碣石，山名，在秦皇岛西。曹操《观沧海》："东临碣石，以观沧海。"遗篇，即指《观沧海》诗。

③萧瑟秋风今又是：引曹操《观沧海》诗里的"秋风萧瑟"句。

创作背景

1954年夏，7月26日至8月20日，毛泽东在北戴河避暑办公，这首《浪淘沙》就写于北戴河。此词最早发表在《诗刊》1957年1月号。

毛泽东手书《浪淘沙·北戴河》

第二章　晚期作品

七律·和周世钊同志①

春江②浩荡暂徘徊，又踏层峰望眼开。

风起绿洲③吹浪去，雨从青野上山来。

尊前④谈笑人依旧，域外鸡虫事可哀⑤。

莫叹韶华容易逝⑥，卅年仍到赫曦台⑦。

注释

①周世钊：当时任湖南省教育厅副厅长兼湖南省立第一师范学校校长。

②春江：指春天涨水的湘江。

③绿洲：指橘子洲，在长沙之西的湘江中。

④尊前：尊同"樽"，酒杯。尊前，酒筵前。

⑤域外鸡虫事可哀："鸡虫事"或泛言域外纷争。杜甫《缚鸡行》："鸡虫得失无了时，注目寒江倚山阁。"

⑥莫叹韶华容易逝：唐·李贺《嘲少年》有"莫道韶华镇长在"句。韶华，美好的年华，指人的青年时代。

⑦卅年仍到赫曦台：卅年，三十年。南宋朱熹曾称岳麓山顶为赫曦，后称山上的台为赫曦台。赫曦，指阳光灿烂的样子。

周世钊原诗：从毛主席登岳麓山至云麓宫

滚滚江声走白沙，飘飘旗影卷红霞。

直登云麓三千丈，来看长沙百万家。

故国几年空兕虎，东风遍地绿桑麻。

南巡已见升平乐，何用书生颂物华。

创作背景

1955年，全国掀起了社会主义农村合作化运动。1955年6月，毛泽东到湖南考察农村合作社情况。在当时的湖南省教育厅副厅长周世钊等陪同下，畅游了湘江，乘兴登上了岳麓山。事后，周世钊写了一首《七律·从毛主席登岳麓山至云麓宫》，随信件寄给毛泽东。毛泽东收到信件后于1955年10月4日回信，信中就附有这首和周世钊的七律诗。

五律·看山

三上北高峰①，杭州一望空②。

飞凤亭边树，桃花岭上风。

热来寻扇子，冷去对佳人③。

一片飘飘④下，欢迎有晚鹰⑤。

注释

①北高峰：在浙江省杭州市灵隐寺后，与南高峰相对峙。北高峰附近有飞凤亭、桃花岭、扇子岭、美人峰等名胜。诗中的"扇子"指扇子岭，"佳人"指美人峰。

②杭州一望空：这里意谓只见山峰不见城。

③佳人：旧体诗词中常用佳人作为比兴之词，或象征理想，或喻指贤者。

④飘飘：同"飘摇"，这里指鹰翔。

⑤晚鹰：傍晚在山间飞翔的苍鹰，这里指灵鹫峰，在杭州灵隐寺旁。

创作背景

1955年春夏之交，毛泽东数十次游杭州，赏湖山。他对湖西半月形的群山尤有兴趣，不止一次登上灵隐寺之北的北高峰，远眺西南诸峰。1955年，毛泽东登北高峰远眺时写下了这首《看山》。

七绝·莫干山①

翻身复进七人房②,回首峰峦入莽苍③。
四十八盘④才走过,风驰又已到钱塘⑤。

注释

①莫干山:在浙江省德清县西北。相传春秋时吴国人干将在此铸"莫邪""干将"二剑,故名。为浙北避暑休养胜地。

②七人房:诗人使用的卧车,可坐七人。

③莽苍:远望不甚分明的苍翠山色。

④四十八盘:指山间公路曲折。

⑤钱塘:这里指杭州市。

创作背景

1955年春夏之交,毛泽东来到杭州视察工作,工作之余曾在杭州作短暂休养。当时他已62岁,医生根据他的年龄和身体状况,建议他多运动。毛泽东遵医嘱接连攀登了北高峰、南高峰、五云山、莫干山。此诗为攀登莫干山后作。

第二章 晚期作品

七绝·五云山

五云山①上五云飞，远接群峰近拂堤②。
若问杭州何处好，此中听得野莺③啼。

注释

①五云山：是浙江省杭州市西湖群山之一，邻近钱塘江。据传因有五色彩云萦绕山顶经时不散而得名。

②堤：指邻近的钱塘江的江堤。

③野莺：身体小，羽毛褐黄色，嘴短而尖，叫声清脆。其中羽毛黄者叫黄莺。

创作背景

这首诗与《看山》《莫干山》写于同一时期。

水调歌头·游泳

才饮长沙水①，又食武昌鱼②。万里长江横渡，极目楚天舒③。不管风吹浪打，胜似闲庭信步，今日得宽余④。子在川上曰：逝者如斯夫⑤！

风樯⑥动，龟蛇⑦静，起宏图⑧。一桥飞架南北，天堑变通途⑨。更立西江石壁，截断巫山云雨⑩，高峡出平湖。神女应无恙，当惊世界殊。

注释

①长沙水：作者自注："民谣：常德德山山有德，长沙沙水水无沙。所谓无沙水，地在长沙城东，有一个有名的'白沙井'。"

②武昌鱼：作者自注："三国孙权一度从京口（镇江）迁都武昌，官僚、绅士、地主及其他富裕阶层不悦，反对迁都，造作口号云：'宁饮扬州水，不食武昌鱼。'那时的扬州人心情如此，现在变了，武昌鱼是颇有味道的。"武昌鱼，指古武昌（今鄂州市）樊口的鳊鱼。

③极目楚天舒：极目，放眼远望。楚天，武昌一带在春秋战国时属于楚国的范围。舒，开阔。作者在1957年2月11日给黄炎培的信中说："游长江二小时漂三十多里才达彼岸，可见水流之急。都是仰游侧游，故用'极目楚天舒'为宜。"

④宽余：指神态舒缓，心情畅快。

第二章　晚期作品

⑤子在川上曰：逝者如斯夫：语出《论语·子罕》，借喻时间飞逝。

⑥风樯：樯，桅杆。风樯，指帆船。

⑦龟蛇：汉阳龟山和武昌蛇山。

⑧起宏图：拟定宏伟的计划，指建设武汉长江大桥和三峡大坝。

⑨一桥飞架南北，天堑变通途：一桥，指当时正在修建的武汉长江大桥。天堑，天然的沟壕。古人把长江视为"天堑"。

⑩巫山云雨：巫山，在四川省巫山县东南。巫山形成的峡谷巫峡和上游的瞿塘峡、下游的西陵峡合称三峡。楚宋玉《高唐赋·序》记，楚怀王在游云梦泽的高唐时曾梦与巫山神女遇，神女自称"旦为朝云，暮为行雨"。

创作背景

1956年6月，毛泽东巡视南方，三次从武昌长江大桥八号墩附近下水，横渡长江，到汉口谌家矶登船，兴奋之余写下这首词。此词最早发表在《诗刊》1957年1月号。

七绝·观潮[①]

千里波涛滚滚来,雪花飞向钓鱼台[②]。
人山纷赞阵容阔,铁马从容杀敌回。

注释

①观潮:指观赏浙江省钱塘江口的涌潮。钱塘潮以每年农历八月十八日在海宁市盐官镇所见最为壮观。

②钓鱼台:即钓台,在钱塘江中段的富春江边,相传为东汉严子陵隐居垂钓处。

创作背景

1957年9月11日,毛泽东在杭州视察工作时适逢钱塘江传统的观潮节,毛泽东及其随从人员到了最佳的观潮地盐官镇。因人多,他们只好到镇郊七里庙附近观潮。他面对钱塘江,吟成了这首诗。

蝶恋花·答李淑一①

我失骄杨②君失柳,杨柳轻飏③直上重霄九④。问讯吴刚⑤何所有,吴刚捧出桂花酒。

寂寞嫦娥舒广袖⑥,万里长空且为忠魂舞。忽报人间曾伏虎,泪飞顿作倾盆雨⑦。

注释

① 这首词是作者写给当时的湖南长沙第十中学语文教员李淑一的,李为杨开慧同窗好友。词中的"柳"指李淑一的丈夫柳直荀烈士(1898—1932),湖南长沙人,是毛泽东早年的战友。1924年加入中国共产党,曾任湖南省政府委员、湖南省农民协会秘书长,参加过南昌起义。1930年到湘鄂西革命根据地工作,曾任红军第二军团政治部主任、第三军政治部主任等职。1932年9月在湖北洪湖革命根据地的"肃反"中被害。

② 骄杨:指杨开慧烈士。杨开慧(1901—1930),湖南长沙人,1920年冬与毛泽东结婚,1921年加入中国共产党,在中共湘区委员会负责机要兼交通联络工作,后随毛泽东去上海、广州、武汉等地。1927年大革命失败后,隐蔽在长沙板仓坚持地下工作。1930年10月被国民党当局逮捕,11月牺牲。

③ 杨柳轻飏:指两位烈士的忠魂升天。飏,飘扬。

④ 重霄九:即九重霄,天的最高处。

⑤问讯吴刚：问讯，问候和询问。吴刚，神话中月亮里的仙人。

⑥舒广袖：伸展宽大的袖子，指舞蹈。

⑦忽报人间曾伏虎，泪飞顿作倾盆雨：听到中国人民终于推翻了国民党统治的捷报，两位烈士的忠魂高兴得泪流如雨。"舞、虎、雨"这三个韵脚字跟上文的"柳、九、有、酒、袖"不同韵。作者自注："上下两韵，不可改，只得仍之。"

李淑一原词：菩萨蛮·惊梦

兰闺索寞翻身早，夜来触动离愁了。底事太难堪，惊侬晓梦残。

征人何处觅？六载无消息。醒忆别伊时，满衫清泪滋。

创作背景

1957年5月11日，为回应湖南长沙第十中学语文教员李淑一思念丈夫柳直荀《菩萨蛮·惊梦》一词，毛泽东写下此词。本词最早发表在1958年1月1日湖南师范学院院刊《湖南师院》。

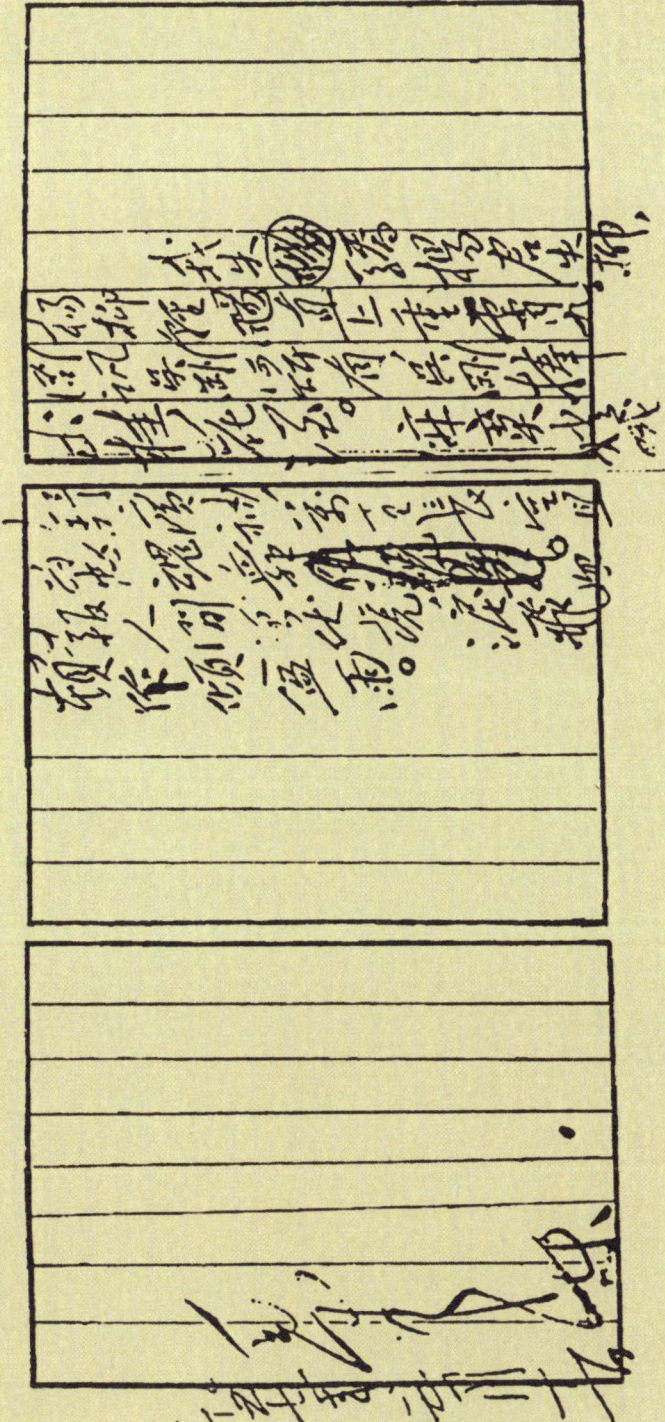

毛泽东手书《蝶恋花·答李淑一》

七绝·刘蕡①

千载长天起大云②,中唐俊伟有刘蕡。
孤鸿铩羽悲鸣镝③,万马齐喑叫一声④。

注释

① 刘蕡(？—842)字去华,幽州昌平(今北京市昌平)人。中唐太和二年(828),刘蕡举贤良方正,痛论宦官专权,危害国家,劝皇帝诛灭他们。考官惧怕宦官的专横,不敢录取他。曾为令狐楚、牛僧孺幕府从事,后授秘书郎。终因宦官诬陷,贬为柳州司户参军。

② 千载长天起大云:大云,即庆云,五色云。古人观以祥瑞之气,认为其下隐有贤人。

③ 孤鸿铩羽悲鸣镝:孤鸿,孤单失群的大雁。铩羽,翅膀被摧毁,比喻人受摧残而失志。鸣镝,又叫响箭。

④ 万马齐喑叫一声:清龚自珍《己亥杂诗》诗有"万马齐喑究可哀"句。喑,哑。北宋苏轼《三马图赞引》有"振鬣长鸣,万马皆喑"句。叫一声,指刘蕡冒死攻击宦官,名动一时。

创作背景

1958年,毛泽东在读《旧唐书·刘蕡传》时,对刘蕡的策论很赞赏,他在多次讲话中,号召要解放思想,破除迷信,打破"万马齐喑"的沉闷局面。这首诗就是为激励大家而作。

第二章　晚期作品

七律二首·送瘟神①

其一

绿水青山枉自多,华佗无奈小虫何!
千村薜荔人遗矢②,万户萧疏鬼唱歌③。
坐地日行八万里,巡天遥看一千河④。
牛郎⑤欲问瘟神事,一样悲欢逐逝波。

其二

春风杨柳万千条,六亿神州尽舜尧⑥。
红雨随心翻作浪,青山着意化为桥⑦。
天连五岭银锄落,地动三河铁臂摇⑧。
借问瘟君欲何往,纸船明烛照天烧⑨。

注释

①瘟神：这里指危害长江流域以南多个省份的血吸虫病。

②千村薜荔人遗矢：五代谭用之《秋宿湘江遇雨》有"暮雨千家薜荔村"句。薜荔，又名木莲，野生常绿藤本植物。千村薜荔，比喻村庄被杂草覆盖，一片荒芜的景象。矢，同屎。

③鬼唱歌：指病死者多，一片死寂。

④坐地日行八万里，巡天遥看一千河：地，指地球。地球赤道长四万公里，人们因地球自转，不知不觉中已日行了八万里路。

⑤牛郎：神话人物。神话传说牵牛星是由人间的牛郎变成的。

⑥六亿神州尽舜尧：当时中国人口数约六亿。尧和舜是古代

历史传说中的圣君。

⑦红雨，比喻桃花。青山着意，意谓青山有意。

⑧天连五岭银锄落，地动三河铁臂摇：五岭，参看《七律·长征》注，这里泛指南方。银锄，农民闪着银光的锄头。三河，汉代把河东、河内、河南三郡称为三河之地，这里泛指北方。铁臂，这里指工人使用的各种钢铁机器的长臂。

⑨借问瘟君欲何往，纸船明烛照天烧：旧时祭送水中鬼神有烧纸船、点蜡烛等习俗。这里指瘟神逃离人间。

创作背景

毛泽东在1958年6月30日《人民日报》上读到余江县消灭了血吸虫的消息后写下这两首诗作品。这两首诗最早发表在1958年10月3日《人民日报》。

第二章　晚期作品

七绝·仿陆游诗

人类今娴上太空①，但悲不见五洲同②。
愚公尽扫饕蚊日③，公祭无忘告马翁④。

注释

①人类今娴上太空：指1957年10月4日，苏联成功地发射了人类第一颗人造地球卫星。1958年2月1日，美国也成功地发射了一颗人造地球卫星。娴，熟练。

②但悲不见五洲同：但悲，只是悲伤。五洲同，世界大同。

③愚公尽扫饕蚊日：愚公，借寓言人物指全世界的无产阶级。饕，贪得无厌。本诗中的饕蚊，喻指全世界的资产阶级。

④马翁：指马克思。

陆游原诗：示儿

死去元知万事空，但悲不见九州同。
王师北定中原日，家祭无忘告乃翁。

创作背景

1957年10月，苏联首次成功地发射"人造卫星一号"后，又成功地发射载有一只小狗的"人造卫星二号"。美国亦成功地发射了人造卫星"探险者一号"。看到世界科技飞速发展，毛泽东于1958年12月21日写下了这首诗。

七律·改鲁迅诗①

曾警秋肃临天下②,竟遣春温上舌端③。

尘海苍茫沉百感,金风萧瑟走高官④。

喜攀飞翼通身暖⑤,苦坠空云半截寒。

悚听自吹皆圣绩,起看敌焰正阑干⑥。

注释

①改鲁迅诗:1935年秋,鲁迅作了一首诗,题为《亥年残秋偶作》。毛泽东根据1959年底的国际局势,借用鲁迅诗作的一些意境和词句创作此政治讽刺诗。

②曾警秋肃临天下:秋肃,秋天的肃杀与萧条。

③竟遣春温上舌端:春温,形容春天的明媚温煦。暗讽赫鲁晓夫1959年9月访美,同艾森豪威尔总统的会晤后发言"在国际关系的气氛中引起了转暖的某种开端",说艾森豪威尔是"明智"派,"真诚希望和平"。

④金风萧瑟走高官:金风,即秋风,五行说中秋属金。走高官,指赫鲁晓夫奔走访美。

⑤喜攀飞翼通身暖:喜攀飞翼,指赫鲁晓夫乘专机访美。通身暖,比喻自鸣得意。

⑥敌焰正阑干:敌焰,指帝国主义气焰。阑干,纵横的意思。

第二章　晚期作品

鲁迅原诗：亥年残秋偶作

曾惊秋肃临天下，敢遣春温上笔端。

尘海苍茫沉百感，金风萧瑟走千官。

老归大泽菰蒲尽，梦坠空云齿发寒。

竦听荒鸡偏阒寂，起看星斗正阑干。

创作背景

1959年12月4日至6日，毛泽东在杭州主持召开了中共中央政治局扩大会议，会议讨论了国际形势和中共的对策。这首诗就是当时所作。次年1月7日至17日，他又主持召开了中共中央政治局扩大会议，会议讨论了国际形势问题。会前他曾指示将此诗印发给与会的同志。

七律·到韶山[①]

别梦依稀咒逝川[②],故园三十二年前。

红旗卷起农奴戟[③],黑手高悬霸主鞭。

为有牺牲多壮志,敢教日月换新天。

喜看稻菽[④]千重浪,遍地英雄下夕烟。

注释

① 韶山:即韶山冲,在湖南省湘潭县,是作者的故乡。1927年1月,毛泽东在湖南考察农民运动时曾回到韶山。

② 咒逝川:慨叹一去不回的时光。

③ 农奴戟:戟,古代的一种刺杀武器。农奴戟,指农民起义。

④ 稻菽:这里指农作物。菽,豆类植物。

创作背景

作者于1959年6月25日至27日重返韶山,距他离开的1927年1月已经三十二年多。此诗是对于三十二年来的斗争和胜利的概括。

毛泽东手书《七律·到韶山》

七律·登庐山

一山飞峙大江边，跃上葱茏四百旋①。

冷眼向洋看世界，热风吹雨洒江天。

云横九派②浮黄鹤③，浪下三吴④起白烟。

陶令⑤不知何处去，桃花源里可耕田？

注释

① 跃上葱茏四百旋：葱茏，草木青翠茂盛，这里指山顶。庐山登山公路建成于1953年，全长35公里，盘旋约四百道。

② 九派：长江至九江分为九流，九江由此得名。明李攀龙《怀明卿》："豫章（今南昌）西望彩云间，九派长江九叠山。"

③ 黄鹤：这里指浮云的形态。

④ 三吴：这里泛指长江下游。

⑤ 陶令，指陶潜（365—427），陶渊明，字元亮，东晋诗人。曾作《桃花源记》。他做过彭泽县令，故称陶令。据《南史·陶潜传》记载，他曾经登过庐山。

创作背景

1959年6月底，毛泽东在主持召开中共中央政治局扩大会议前，登上庐山。面对开阔辽远、云海弥漫的景致，诗人吟成此诗。

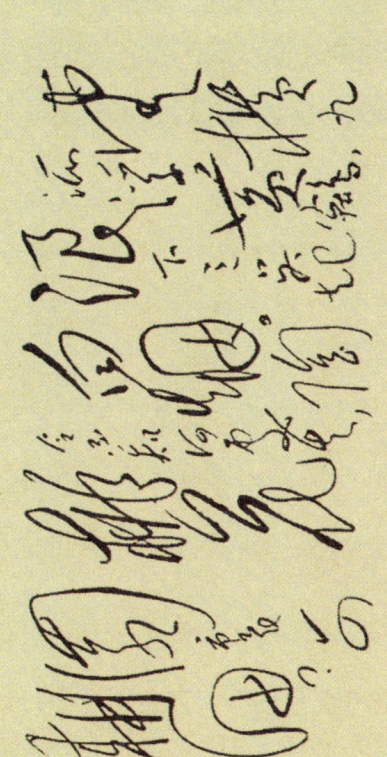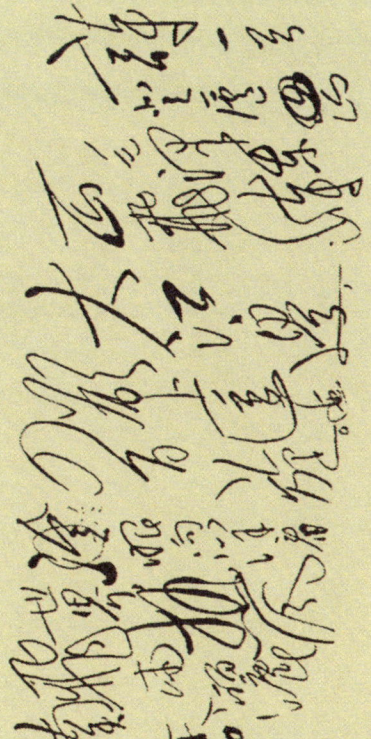

毛泽东手书《七律·登庐山》

七律·读报

反苏昔忆闹群蛙,今日重看大反华①。

恶煞腐心②兴鼓吹,凶神张口吐烟霞③。

神州岂止千重恶,赤县原藏万种邪。

遍找全球侵略者,仅余中国一孤家。

注释

①今日重看大反华:1959年3月起,国内外一些反华势力掀起一股反华逆流。

②恶煞腐心:恶煞,传说中的凶神。腐心,形容痛恨到极点。

③吐烟霞:比喻造谣诬蔑等宣传。

创作背景

1959年11月,毛泽东在杭州写下此诗。12月4日至6日,毛泽东在杭州主持召开中共中央政治局扩大会议,会议讨论了国际形势和中共的对策。次年1月7日至17日,他在上海主持召开中共中央政治局扩大会议前夕,作者曾指示将此诗印发给与会者征求意见。

第二章 晚期作品

七律·读报

西海而今出圣人①，涂脂抹粉上豪门②。
不知说了啥些事，但记西方是友朋③。
举世劳民尊匪盗，万年宇宙绝纷争。
列宁火焰成灰烬，人类从兹入大同。

注释

① 西海而今出圣人：西海，我国古代史籍常称西方极远处的海为西海，这里指黑海和里海，代指苏联。圣人，这里暗讽赫鲁晓夫。

② 上豪门：这里指1959年9月赫鲁晓夫访问美国。

③ 不知说了啥些事，但记西方是友朋：此联原为"一辆汽车几间屋，三头黄犊半盘银"。1959年10月2日，中苏在北京举行会谈，赫鲁晓夫在会谈一开始就讲他的访美见闻。他说，他所到之处受到很热烈的欢迎，一位农场主送他三头良种牛，一位资本家送他一盘古银币。又说，美国差不多每个家庭都有汽车，每户都有几间房。

创作背景

1959年12月，当时作者在杭州。12月4日至6日，他在杭州主持召开了中共中央政治局扩大会议，会议讨论了国际形势和中共的对策。这首诗就创作于此时。1960年1月，作者主持在上海召开的中共中央政治局扩大会议,会前作者曾指示秘书将此诗及当时所作的《读报》诗印发给参加会议的同志。

第二章 晚期作品

七律·读报

托洛茨基到远东①,不和不战②逞英雄。
列宁竟撇头颅后③,叶督该拘大鹫峰④。
敢向邻居试螳臂,只缘自己是狂蜂。
人人尽说西方好,独惜神州出蠹虫⑤。

注释

①托洛茨基到远东:托洛茨基(1879—1940),十月革命时,任俄国社会民主工党(布尔什维克)中央政治局委员。十月革命胜利后,曾任革命军事委员会主席等职。1918年反对列宁关于同德国签订《布列斯特和约》的主张,提出了"既不签订和约,也不进行战争"的口号。列宁逝世后,反对列宁提出的在苏联建设社会主义的理论和路线。1927年11月被开除出党。1929年1月被驱逐出苏联。1940年8月在墨西哥遭暗杀。

②不和不战:这是赫鲁晓夫攻击中国的话,1959年10月31日在苏联最高苏维埃会议上,以及同年12月1日在匈牙利社会主义工人党代表会议上,他不指名地攻击中国共产党是"不战不和的托洛茨基主义"。

③列宁竟撇头颅后:把列宁的教导抛诸脑后。

④叶督该拘大鹫峰:叶督,指叶名琛(1807—1859),湖北汉阳人。1852年任两广总督。1857年英法联军进攻广州,他既不积极备战,又拒绝同敌军议和,临战还不肯抵抗,被当时人

讥讽为"不战不和不守"。广州失陷后,他被俘,押解到印度加尔各答拘禁,不久死于该地。大鹫峰,即印度灵鹫山,这里代指印度。

⑤蠢虫:糊涂人。本句是反话,针对上句"人人尽说西方好"。

创作背景

这首诗与上一首写于同一时期。

第二章　晚期作品

七律·读报

托洛茨基返故居①，不和不战欲何如？
青空飘落能言鸟②，黑海翻腾愤怒鱼③。
爱丽舍宫唇发紫④，戴维营里面施朱⑤。
新闻岁岁寻常出，独有今年出得殊。

注释

① 托洛茨基返故居：此句暗讽赫鲁晓夫就像托洛茨基阴魂附体一样，走着机会主义路线。

② 青空飘落能言鸟：指1960年5月1日，美国一架U-2型飞机入侵苏联领空时被击落，飞行员被俘后承认自己的间谍行为。

③ 黑海翻腾愤怒鱼：黑海北岸、东岸属苏联。愤怒鱼，代指苏联黑海舰队官兵。

④ 爱丽舍宫唇发紫：爱丽舍宫，法国总统府。唇发紫，因愤怒嘴唇发紫。1960年5月16日，在法国总统府召开的苏、美、英、法四国首脑会议预备会议上，苏联部长会议主席赫鲁晓夫就5月1日美军飞机进入苏联领空表示强烈谴责。

⑤ 戴维营里面施朱：1959年9月赫鲁晓夫访美，同艾森豪威尔会谈，讨好美国。面施朱，涂脂抹粉，比喻献媚讨好。作者这句是对赫鲁晓夫的强烈嘲讽。前一年还讨好，第二年美军战机就侵入苏联领空。

此诗作于 1960 年 6 月 13 日。这年 6 月 8 日至 18 日,他在上海主持召开了中共中央政治局扩大会议,会议讨论了国际形势问题。

七绝·为女民兵题照

飒爽英姿五尺枪,曙光初照演兵场①。
中华儿女②多奇志,不爱红装爱武装。

注释

① 演兵场:旧称演武场,即练兵场。

② 儿女:本义指子女或男女,这里为偏义复词,特指女青年。

创作背景

1961年,毛泽东身边的一位工作人员,为了证明自己参加过民兵,拿出自己参加民兵训练的个人照,毛泽东赞其"好英武的模样",随后题写了这首七言绝句诗。

毛泽东手书《七绝·为女民兵题照》

第二章　晚期作品

七绝·为李进同志题所摄庐山仙人洞照[①]

暮色苍茫看劲松，乱云飞渡仍从容[②]。
天生一个仙人洞，无限风光在险峰。

注释

① 李进，即江青。仙人洞，在庐山佛手岩下，传为唐朝仙人吕洞宾所居，故名。1959年7月5日毛泽东游览庐山仙人洞。

② 乱云飞渡仍从容：层云舒缓悠然貌。

创作背景

这是毛泽东为李进（即江青）一张照片题写的绝句。该诗写于1961年9月9日。

毛泽东手书《七绝·为李进同志题所摄庐山仙人洞照》

第二章　晚期作品

七绝·屈原

屈子①当年赋楚骚②，手中握有杀人刀③。
艾萧太盛椒兰少④，一跃冲向万里涛。

注释

①屈子：指屈原。

②楚骚：屈原创作的《离骚》等诗篇，称楚骚或骚体。

③杀人刀：杀人刀，指笔杆子。

④艾萧太盛椒兰少：艾萧，即艾蒿、臭草，比喻奸佞小人。椒兰，申椒和兰草，两种芳香植物，比喻贤德之士。艾萧和椒兰都是《离骚》中的语词。

创作背景

这首诗写于1961年。毛泽东爱读《离骚》，曾多次让身边的工作人员收集各种版本的《楚辞》和屈原著作。这是一首追怀诗。

七绝二首·纪念鲁迅八十寿辰①

其一
博大胆识铁石坚,刀光剑影任翔旋②。
龙华喋血不眠夜③,犹制小诗赋管弦④。

其二
鉴湖越台名士乡⑤,忧忡为国痛断肠。
剑南歌接秋风吟⑥,一例氤氲入诗囊⑦。

注释

①寿辰:生日,一般用于中老年人和尊者。这里指冥寿,即已故之人的寿辰。

②刀光剑影任翔旋:意谓鲁迅在敌人的刀光剑影中,任凭刀剑飞翔回旋,毫不畏惧,从容坦荡。

③龙华喋血不眠夜:龙华,上海郊区地名。喋血,血流遍地。不眠夜,1931年2月7日夜,国民党当局在上海龙华,秘密杀害了包括"左联"作家柔石、胡也频、李伟森、白莽、冯铿等革命青年共二十四人。

④犹制小诗赋管弦:鲁迅有《七律·无题》诗:"惯于长夜过春时,挈妇将雏鬓有丝。梦里依稀慈母泪,城头变幻大王旗。忍看朋辈成新鬼,怒向刀丛觅小诗。吟罢低眉无写处,月光如水照缁衣。"赋管弦,意谓广为传播。

⑤鉴湖越台名士乡:鉴湖,又称镜湖,在浙江省绍兴城西南

第二章　晚期作品

两公里。附近有山阴（今绍兴）人南宋陆游吟诗处的快阁。越台，即越王台，春秋时越王勾践在会稽（今绍兴）为招贤士而建。此句意谓鲁迅的故乡绍兴是古今名人荟萃之地。

⑥剑南歌接秋风吟：剑南歌，指陆游的诗集《剑南诗稿》所收诗作。秋风吟，指秋瑾作的《秋风曲》。

⑦一例氤氲入诗囊：一例，一样。氤氲，形容烟或云气很盛，这里指陆游、秋瑾与鲁迅的诗篇皆富有爱国意味。

创作背景

1961年9月25日，毛泽东为了纪念鲁迅，写下了这首诗。在《新民主主义论》一文中，毛泽东说："鲁迅是中国文化革命的主将，他不但是伟大的文学家，而且是伟大的思想家和伟大的革命家。鲁迅的骨头是硬的，他没有丝毫的奴颜和媚骨，这是殖民地半殖民地人民最可宝贵的性格。鲁迅是在文化战线上，代表全民族的大多数，向着敌人冲锋陷阵的最正确、最勇敢、最坚决、最忠实、最热忱的空前的民族英雄。鲁迅的方向，就是中华民族新文化的方向。"

七律·和郭沫若同志

一从大地起风雷,便有精生白骨堆①。

僧是愚氓②犹可训,妖为鬼蜮③必成灾。

金猴奋起千钧棒,玉宇澄清万里埃④。

今日欢呼孙大圣,只缘妖雾又重来。

注释

① 精生白骨堆:指白骨精。《西游记》第二十七回说,白骨精是从"一堆粉骷髅"里变出来的。

② 愚氓:氓,古义通"民"。愚氓,愚蠢的人。

③ 鬼蜮:蜮,传说水里一种暗害人的怪物,能含沙射人,射到人的影子能使人生病。

④ 玉宇澄清万里埃:玉宇,澄净如玉的天空。埃,指妖雾。

郭沫若原诗:看《孙悟空三打白骨精》

人妖颠倒是非淆,对敌慈悲对友刁。咒念金箍闻万遍,精逃白骨累三遭。千刀当剐唐僧肉,一拔何亏大圣毛。教育及时堪赞赏,猪犹智慧胜愚曹。

创作背景

1961年10月间,浙江省绍剧团在北京演出《孙悟空三打白骨精》。毛泽东针对郭沫若原诗中一些错误认识,于11月17日写了这首《七律·和郭沫若同志》。

毛泽东手书《七律·和郭沫若同志》

卜算子·咏梅

读陆游咏梅词，反其意而用之。

风雨送春归①，飞雪迎春到。已是悬崖百丈冰②，犹有花枝俏。

俏也不争春③，只把春来报。待到山花烂漫时，她在丛中笑。

注释

①风雨送春归：化用古人诗句。明唐寅有《黄莺儿》曲："风雨送春归。"

②百丈冰：形容极度寒冷。

③俏也不争春：俏，容态轻盈美好。梅花开得俏丽，不是要与别花争春。

创作背景

这首词创作于1961年12月。面对当时严峻的国内外形势，作者创作了意蕴高远的《咏梅》。

毛泽东手书《卜算子·咏梅》

七律·答友人①

九嶷山②上白云飞,帝子③乘风下翠微④。

斑竹一枝千滴泪⑤,红霞万朵百重衣⑥。

洞庭波涌连天雪⑦,长岛⑧人歌动地诗。

我欲因之梦寥廓⑨,芙蓉国⑩里尽朝晖。

注释

①答友人:友人即周世钊。周世钊当时任湖南省副省长。

②九嶷山:亦作"九疑山",又名苍梧山,在湖南省南部。传说舜帝南游,死于苍梧,娥皇、女英二妃寻夫至此,九坟疑似,莫辨真伪,故有"九疑"之称。

③帝子:指尧帝二女娥皇、女英。

④翠微:指浅绿青葱的山。

⑤斑竹一枝千滴泪:相传舜帝死后,二妃寻至湘江,思帝悲泣,泪洒竹上成为斑点,称为斑竹,又称湘妃竹。

⑥红霞万朵百重衣:作者在1975年曾回忆说:"七律《答友人》'斑竹一枝千滴泪,红霞万朵百重衣',就是怀念杨开慧的,杨开慧就是霞姑嘛!"

⑦雪:白浪。

⑧长岛:长沙湘江橘子洲,因南北狭长故称长岛,这里代指长沙。

⑨ 我欲因之梦寥廓：唐李白《梦游天姥吟留别》有"我欲因之梦吴越"句。之，指杨开慧烈士。寥廓，广阔的境界。

⑩ 芙蓉国：指湖南省。芙蓉国是说木芙蓉花到处盛开的地方。

创作背景

1961年，从早春2月至初秋9月，毛泽东曾四回湖南，再见他青少年时代生活和战斗过的地方，引起了他对故土的思恋，于是创作了这首诗。

七律·冬云

雪压冬云①白絮②飞，万花纷谢一时稀。

高天滚滚寒流急，大地微微暖气吹。

独有英雄驱虎豹，更无豪杰怕熊罴③。

梅花欢喜漫天雪，冻死苍蝇④未足奇。

注释

①冬云。旧有"冬至一阳生"之说，所以诗人说"大地微微暖气吹"，这里是比喻虽在冬至，但大地并没有完全被寒流控制。

②白絮：纷飞的雪花。

③熊罴：喻指凶恶的敌人。

④苍蝇：这里指卑鄙又渺小的反华势力。

创作背景

1962年冬，我国正处于新中国成立以来最严重的经济困难时期，国际形势异常严峻复杂。12月26日是冬至的第四天，正好是毛泽东69岁生日，在复杂的社会形势下，诗人写下了这首斗志昂扬的诗文。

第二章　晚期作品

满江红·和郭沫若同志

小小寰球，有几个苍蝇碰壁。嗡嗡叫，几声凄厉，几声抽泣。蚂蚁缘槐夸大国①，蚍蜉撼树②谈何易。正西风落叶下长安，飞鸣镝③。

多少事，从来急，天地转，光阴迫④。一万年太久，只争朝夕。四海翻腾云水怒，五洲震荡风雷激。要扫除一切害人虫，全无敌。

注释

①蚂蚁缘槐夸大国：典出唐李公佐传奇《南柯太守传》：有个叫淳于棼的人，在槐树下喝醉酒，梦见自己在"大槐安国"做了驸马，又在南柯郡当了二十年太守，权势显赫。醒后才知槐安国原来是大槐树洞中的蚂蚁窝。

②蚍蜉撼树：典出唐朝韩愈《调张籍》诗："蚍蜉撼大树，可笑不自量。"蚍蜉，大蚂蚁。撼，摇动。这是对不自量力的人的嘲笑。

③正西风落叶下长安，飞鸣镝：此句表示秋风已起，虫子不好过了。

④迫：急促。

郭沫若原词：满江红

沧海横流，方显出英雄本色。人六亿，加强团结，坚持原则。

毛泽东诗词鉴赏：朗读版

天垮下来擎得起，世披靡矣扶之直。听雄鸡一唱遍寰中，东方白。

太阳出，冰山滴，真金在，岂销铄？有雄文四卷，为民立极。桀犬吠尧堪笑止，泥牛入海无消息。迎东风革命展红旗，乾坤赤。

创作背景

1962年秋到1963年春，中苏关系开始紧张，苏联在其报刊上连续刊登文章，攻击中国共产党。同年年底，郭沫若填《满江红》一词，借此表达中国人民面对反华势力坚持斗争的信念。当时毛泽东正在杭州。他从1月1日《光明日报》上看到郭沫若写的《满江红》，写下这首相和之词。

毛泽东手书《满江红·和郭沫若同志》

杂言诗·八连颂

好八连①，天下传。
为什么？意志坚。
为人民，几十年。
拒腐蚀，永不沾。
因此叫，好八连。
解放军，要学习。
全军民，要自立。
不怕压，不怕迫。
不怕刀，不怕戟②。
不怕鬼，不怕魅。
不怕帝，不怕贼。
奇儿女，如松柏③。
上参天，傲霜雪。
纪律好，如坚壁。
军事好，如霹雳。
政治好，称第一。
思想好，能分析。
分析好，大有益。
益在哪？团结力。
军民团结如一人，
试看天下谁能敌。

第二章 晚期作品

注释

①好八连：指驻守上海南京路段的中国人民解放军某部八连。1963年4月25日，国防部批准授予"南京路上好八连"的光荣称号。

②刀、戟：指各种武器。

③奇儿女，如松柏。上参天，傲霜雪：化用汉曹植《升天行》诗"兰桂上参天"和《论语·子罕》"岁寒然后知松柏之后凋也"句。

创作背景

1963年4月25日，国防部批准授予驻守上海的某部八连"南京路上好八连"的光荣称号。1949年5月，这个连队进驻上海南京路。经过了十四年，连队身居闹市，勤俭奉公，深受当地人民的称颂与爱戴。毛泽东在1963年"八一"建军节写下《八连颂》这首诗，号召全国都来学习八连精神。

七律·吊罗荣桓同志

记得当年草上飞①，红军队里每相违②。
长征不是难堪日，战锦方为大问题③。
斥鷃每闻欺大鸟④，昆鸡长笑老鹰非⑤。
君今不幸离人世，国有疑难可问谁？

注释

①记得当年草上飞：借用唐黄巢《自题像》"记得当年草上飞"句。当年，即红军时期。草上飞，指红军行动迅速。

②每相违：常有不同意见的争论。

③战锦方为大问题："战锦"是指1948年9月、10月间攻打锦州，即辽沈战役的第一个和关键性的大仗。毛泽东在9月7日写给林彪、罗荣桓等的电报中早已详细说明攻打锦州的重大意义，但林彪仍然找出种种理由来一再反对。而罗荣桓一直坚定地执行中央军委和毛泽东的战略决策。

④斥鷃：即鹌鹑，在蓬蒿中飞起来不过几丈高。

⑤昆鸡长笑老鹰非：昆鸡，一种大鸡。长笑，讥笑。

创作背景

这首悼念诗创作于1963年。作者在罗荣桓逝世十周年时据原作回忆而改写。

第二章 晚期作品

贺新郎·读史

人猿相揖别①，只几个石头磨过②，小儿时节。铜铁炉中翻火焰③，为问何时猜得④，不过几千寒热⑤。人世难逢开口笑，上疆场彼此弯弓月⑥。流遍了，郊原血。

一篇读罢头飞雪⑦，但记得斑斑点点，几行陈迹。五帝三皇神圣事⑧，骗了无涯过客⑨。有多少风流人物？盗跖庄蹻流誉后，更陈王奋起挥黄钺⑩。歌未竟，东方白⑪。

注释

① 人猿相揖别：指由猿进化到人。相揖别，作揖告别。

② 石头磨过：把石头磨成石器。石器时代是人类的"小儿时节"。

③ 铜铁炉中翻火焰：指青铜器时代和铁器时代。青铜器和铁器都要用炉火来冶炼和翻铸。

④ 为问何时猜得：问什么时候懂得冶炼青铜和铁。

⑤ 不过几千寒热：青铜器时代和铁器时代只经过几千年，说明人类的进化越来越快。

⑥ 人世难逢开口笑，上疆场彼此弯弓月：前句借用宋洪适《满江红》"人世难逢开口笑"句。弯弓月，拉弓如满月。

⑦ 头飞雪：头生白发。

⑧ 五帝三皇神圣事：传说中国上古有三皇五帝。一般指伏羲、

燧人、神农为"三皇";黄帝、颛顼、帝喾、唐尧、虞舜为"五帝"。

⑨ 无涯过客:无涯,无数。过客,指历史上的人,都成过去。

⑩ 盗跖庄屩(jué)流誉后,更陈王奋起挥黄钺:盗跖,跖被古代统治阶级污蔑为"盗",春秋时人。庄屩,战国时人。两人都是起义领袖。流誉,流传名誉。陈王,秦末农民起义领袖陈胜,他进占陈县(今河南淮阳县),称王。黄钺,饰以黄金的大斧。

⑪ 东方白:天已亮了,喻指新中国诞生了。

创作背景

1964年毛泽东写作《贺新郎·读史》这首词时,工作之余都在专注地读《史记》和范文澜的《中国通史简编》。从这首词可以窥见毛泽东的历史观。

第二章　晚期作品

水调歌头·重上井冈山

久有凌云志，重上井冈山。千里来寻故地，旧貌变新颜。到处莺歌燕舞，更有潺潺流水，高路入云端。过了黄洋界①，险处不须看。

风雷动，旌旗奋，是人寰。三十八年过去，弹指一挥间②。可上九天揽月③，可下五洋捉鳖④，谈笑凯歌还。世上无难事，只要肯登攀。

注释

①黄洋界：黄洋界是井冈山五大哨口中最险要的一个，位于井冈山区西北部，两侧是深谷、哨壁。有"一夫当关，万夫莫开"之势，是从宁冈进入井冈山的必经之地。

②三十八年过去，弹指一挥间：从1927年10月毛泽东率领秋收起义部队上井冈山，到这次重来，已经过去了三十八年。弹指，言时间极短暂。

③九天揽月：九天，天的极高处。揽月，摘取月亮。

④五洋捉鳖：五洋，代指世界。捉鳖，喻擒拿敌人。

创作背景

1965年5月下旬，毛泽东重上井冈山游览视察，先后到黄洋界和茨坪。他抚今追昔，于5月25日写下这首词。

毛泽东手书《水调歌头·重上井冈山》

念奴娇·井冈山

参天万木,千百里,飞上南天奇岳①。故地重来何所见,多了楼台亭阁。五井碑②前,黄洋界上,车子飞如跃。江山如画,古代曾云海绿③。

弹指三十八年,人间变了,似天渊翻覆。犹记当时烽火里,九死一生如昨。独有豪情,天际悬明月,风雷磅礴。一声鸡唱,万怪烟消云落。

注释

① 奇岳:雄奇的大山。

② 五井碑:井冈山明清以来立有记修路功德的五井碑,后被毁。山上有大井、小井、上井、中井、下井等地,总称五井。

③ 古代曾云海绿:古人曾说井冈山原是沧海。海绿,犹如绿海,碧海。

创作背景

毛泽东于1965年5月重上井冈山,对一别三十八年的故地写了两首词,一是《水调歌头·重上井冈山》,一是《念奴娇·井冈山》。

七律·洪都[①]

到得洪都又一年，祖生击楫至今传[②]。
闻鸡久听南天雨[③]，立马曾挥北地鞭[④]。
鬓雪飞来成废料[⑤]，彩云长在有新天。
年年后浪推前浪，江草江花处处鲜。

注释

[①] 洪都：旧时南昌府的别称。隋、唐、宋三代曾以南昌为洪州治所，又为东南都会，因而得名。

[②] 祖生击楫至今传：祖生，即东晋名将祖逖。公元304年匈奴人刘渊在黄河流域建立汉国。公元313年祖逖率兵北上，中流击楫，立誓收复中原。击楫，多用以形容有志报国的抱负和气概。

[③] 闻鸡久听南天雨：闻鸡，用闻鸡起舞的典故。天雨，即风雨。《诗经·郑风·风雨》："风雨如晦，鸡鸣不已。"

[④] 立马曾挥北地鞭：指北方的战斗生活。

[⑤] 鬓雪飞来成废料：鬓雪，鬓发苍白。作者慨叹自己鬓发苍白。

创作背景

1965年12月24日，毛泽东再度到南昌。毛泽东在1964年4月到江西视察工作，曾到过南昌，所以说这次到南昌是"又一年"。作者感物抒情，写下此诗。

七律·有所思[①]

正是神都有事时[②]，又来南国[③]踏芳枝。
青松怒向苍天发，败叶纷随碧水驰。
一阵风雷惊世界，满街红绿走旌旗[④]。
凭阑静听潇潇雨[⑤]，故国人民有所思[⑥]。

注释

① 有所思：诗题出自汉无名氏乐府《有所思》："有所思，乃在大海南。"

② 正是神都有事时：神都，古谓京城，这里指首都北京。

③ 南国：中国南方的泛称。作者写这首诗的前后，正在南方巡视。

④ 满街红绿走旌旗：红绿，这里指大、中学生。旌旗，旗帜的通称。

⑤ 凭阑静听潇潇雨：化用南宋岳飞《满江红·怒发冲冠》词"凭阑处、潇潇雨歇"句。阑，同栏。

⑥ 故国人民有所思：化用唐杜甫《秋兴》诗"故国平居有所思"句。

创作背景

毛泽东于1966年5月中旬南下视察。1966年5月15日至6月15日在杭州，6月17日到韶山滴水洞，在这里住了十一天，28日赴武汉。本诗作于韶山滴水洞。

七绝·贾谊

贾生才调世无伦①,
哭泣情怀②吊屈文③。
梁王堕马寻常事,
何用哀伤付一生④。

注释

①贾生才调世无伦：借用唐李商隐《贾生》"贾生才调更无伦"句。贾生，指贾谊（前200—前168），洛阳（今河南洛阳东）人，西汉政论家、文学家。才调，指才气、才能。

②哭泣情怀：贾谊在梁怀王堕马死后，"哭泣岁余，亦死"。

③吊屈文：贾谊曾作《吊屈原赋》。

④梁王堕马寻常事，何用哀伤付一生：贾谊拜为梁怀王太傅，因梁怀王堕马而死，他认为自己"为傅无状"，忧郁自伤。

创作背景

此诗是作者于共和国成立后作。这个时期，毛泽东较集中地谈论贾谊等年轻天才，特别重视年轻干部的提拔，毛泽东很赞赏贾谊非凡的才能和政治理想，写了两首关于贾谊的诗。

第二章　晚期作品

七律·咏贾谊

少年倜傥①廊庙才，壮志未酬事堪哀。
胸罗文章兵百万②，胆照华国树千台③。
雄英④无计倾圣主⑤，高节终竟受疑猜。
千古同惜长沙傅⑥，空白汨罗步尘埃。

注释

①少年倜傥廊庙才：倜傥，豪爽洒脱。廊庙，指朝廷。此句是说，贾谊年少有才，是国家的栋梁之材。

②胸罗文章兵百万：胸罗文章，指贾谊胸有锦绣文章。兵百万，比喻贾谊论治国策略的文章抵得上百万军队。

③胆照华国树千台：华国，这里指汉王朝。树千台，指建立众多的诸侯国。汉制设立"三台"，分别掌管政事、监察、外交。

④雄英：出类拔萃的人。

⑤圣主：古代称颂帝王的惯用语，这里指汉文帝。

⑥长沙傅：贾谊曾被贬谪为长沙王太傅。

创作背景

《咏贾谊》与《贾谊》系姊妹篇，当作于同一时段。一诗不能尽意，故再咏一首。

第三章　毛泽东诗论

致臧克家[①]等

（一九五七年一月十二日）

克家同志和各位同志：

惠书早已收到，迟复为歉！遵嘱将记得起来的旧体诗词，连同你们寄来的八首，一共十八首，抄寄如另纸，请加审处。

这些东西，我历来不愿意正式发表，因为是旧体，怕谬种流传，贻误青年；再则诗味不多，没有什么特色。既然你们以为可以刊载，又可为已经传抄的几首改正错字，那末，就照你们的意见办吧。

《诗刊》出版，很好，祝它成长发展。诗当然应以新诗为主体，旧诗可以写一些，但是不宜在青年中提倡，因为这种体裁束缚思想，又不易学。这些话仅供你们参考。

同志的敬礼！

毛泽东
一九五七年一月十二日

① 臧克家：1905 年生，山东诸城人，诗人。当时任中国作家协会书记处书记、诗刊主编。

致李淑一

（一九五七年五月十一日）

淑一同志：

惠书收到。过于谦让了。我们是一辈的人，不是前辈后辈关系，你所取的态度不适当，要改。已指出"巫峡"，读者已知所指何处，似不必再出现"三峡"字面。大作①读毕，感慨系之。开慧所述那一首②不好，不要写了吧。有《游仙》一首为赠。这种游仙，作者自己不在内，别于古之游仙诗。但词里有之，如咏七夕之类。我失骄杨君失柳，杨柳轻飏直上重霄九。问讯吴刚何所有，吴刚捧出桂花酒。　寂寞嫦娥舒广袖，万里长空且为忠魂舞。忽报人间曾伏虎，泪飞顿作倾盆雨。

暑假或寒假你如有可能，请到板仓代我看一看开慧的墓。此外，你如去看直荀的墓的时候，请为我代致悼意。你如见到柳午亭③先生时，请为我代致问候。午亭先生和你有何困难，请告。

为国珍摄！

毛泽东
一九五七年五月十一日

① 指李淑一作的《菩萨蛮·惊梦》词。
② 指《虞美人·枕上》。
③ 柳直荀之父。

第三章　毛泽东诗论

读范仲淹两首词的批语

（一九五七年八月一日）

苏幕遮

碧云天，黄叶地，秋色连波，波上寒烟翠。山映斜阳天接水，芳草无情，更在斜阳外。

黯乡魂，追旅思，夜夜除非，好梦留人睡。明月楼高休独倚。酒入愁肠，化作相思泪。

渔家傲

塞下秋来风景异，衡阳雁去无留意。四面边声连角起。千嶂里，长烟落日孤城闭。

浊酒一杯家万里，燕然未勒归无计。羌管悠悠霜满地。人不寐，将军白发征夫泪。

词有婉约、豪放两派，各有兴会，应当兼读。读婉约派久了，厌倦了，要改读豪放派。豪放派读久了，又厌倦了，应当改读婉约派。我的兴趣偏于豪放，不废婉约。婉约派中有许多意境苍凉而又优美的词。范仲淹①的上两首，介于婉约与豪放两派之间，可算中间派吧；但基本上仍属婉约，既苍凉又优美，使人不厌读。婉约派中的一味儿女情长，豪放派中的一味铜琶铁板，读久了，都令人厌倦的。人的心情是复杂的,有所偏但仍是复杂的。所谓复杂,就是对立统一。人的心情,经常有对立的成分,不是单一的,是可以分析的。词的婉约、豪放两派,在一个人读起来,有时喜欢前者,有时喜欢后者,就是一例。睡不着,哼范词,写了这些。江青看后,给李讷看一看。

一九五七年八月一日

① 范仲淹(989—1052),字希文,吴县(今江苏省吴中区)人。北宋政治家、文学家。他的词作不多,但为世人传诵。

第三章 毛泽东诗论

致胡乔木

（一九五八年七月一日）

乔木同志：

睡不着觉，写了两首宣传诗①，为灭血吸虫而作。请你同《人民日报》文艺组同志商量一下，看可用否？如有修改，请告诉我。如可以用，请在明天或后天《人民日报》上发表，不使冷气。灭血吸虫是一场恶战。诗中坐地、巡天、红雨、三河之类，可能有些人看不懂，可以不要理他。过一会，或须作点解释。

毛泽东

七月一日

① 指《七律二首·送瘟神》

《七律二首·送瘟神》后记

（一九五八年七月一日）

　　六月三十日《人民日报》发表文章说：余江县基本消灭了血吸虫，十二省、市灭疫大有希望。我写了两首宣传诗，略等于近来的招贴画，聊为一臂之助。就血吸虫所毁灭我们的生命而言，远强于过去打过我们的任何一个或几个帝国主义。八国联军，抗日战争，就毁人一点来说，都不及血吸虫。除开历史上死掉的人以外，现在尚有一千万人患疫，一万万人受疫的威胁。是可忍，孰不可忍？然而今之华佗们在早几年大多数信心不足，近一二年干劲渐高，因而有了希望。主要是党抓起来了，群众大规模发动起来了。党组织，科学家，人民群众，三者结合起来，瘟神就只好走路了。

第三章　毛泽东诗论

致周世钊

（一九五八年十月二十五日）

惇元兄：

赐书收到，十月十七日的，读了高兴。受任新职，不要拈轻怕重，而要拈重鄙轻。古人有云：贤者在位，能者在职，二者不可得而兼。我看你这个人是可以兼的。年年月月日日时时感觉自己能力不行，实则是因为一不甚认识自己；二不甚理解客观事物——那些留学生们，大教授们，人事纠纷，复杂心理，看不起你，口中不说，目笑存之，如此等类。这些社会常态，几乎人人要经历的。此外，自己缺乏从政经验，临事而惧，陈力而后就列，这是好的。这些都是实事，可以理解的。我认为聪明、老实二义，足以解决一切困难问题。这点似乎同你谈过。聪谓多问多思，实谓实事求是。持之以恒，行之有素，总是比较能够做好事情的。你的勇气，看来比过去大有增加。士别三日，应当刮目相看了。我又讲了这一大篇，无非加一点油，添一点醋而已。坐地日行八万里，蒋竹如讲得不对，是有数据的。地球直径约一万二千五百公里，以圆周率三点一四一六乘之，得约四万公里，即八万华里。这是地球的自转（即一天时间）里程。坐火车、轮船、汽车，要付代价，叫做旅行。坐地球，不付代价（即不买车票），日行八万华里，问人这是旅行么，答曰不是，我一动也没有动。真是岂有此理！囿于习俗，迷信未除。完全的日常生活，许多人却以为怪。巡天，即谓我们这个太阳系（地球在内）每日每时都在银河系里穿来穿去。银河一河也,河则无限,"一千"言其多而已。我们人类只是"巡"在一条河中,"看"则可以无数。牛郎晋人,血吸虫病,蛊病,俗名鼓胀病,周秦汉累见书传,牛郎自然关心他的乡人,要问瘟神情况如何了。大熊星座,俗名牛郎星(是否记错了?),属银河系^①这些解释,请向竹如道之。有不同意见,可以辩论。十一月我不一定在京,不见也可吧!

毛泽东

一九五八年十月二十五日

① 牛郎星不属大熊星座,它是天鹰星座中的 α 星。

第三章　毛泽东诗论

在《毛主席诗词十九首》上的批注

（一九五八年十二月二十一日）

编者注：以下一说明及十二条批注是毛泽东在文物出版社1958年9月刊本《毛泽东诗词十九首》的书眉处所写。

一

我的几首歪词，发表以后，注家蜂起，全是好心。一部分说对了，一部分说得不对，我有说明的责任。一九五八年十二月，在广州，见文物出版社一九五八年九月刊本，天头甚宽，因而写了下面的一些字，谢注家，兼谢读者。鲁迅一九二七年在广州，修改他的《古小说钩沉》，然后说道：于时云海沉沉，星月澄碧，饕蚊遥叹，予在广州。（编者注：作者记忆有误，鲁迅1927年在广州编校《唐宋传奇集》，作《序例》，文末题记说："时大夜弥天，璧月澄照，饕蚊遥叹，余在广州。"《唐宋传奇集》上册于1927年12月由北新书局出版，下册于1928年2月出版）从那时到今天，三十一年了，大陆上的蚊子灭得差不多了，当然，革命尚未全成，同志仍须努力。港台一带，饕蚊尚多，西方世界，饕蚊成阵。安得起全世界各民族千百万愚公，用他们自己的移山办法，把蚊阵一扫而空，岂不伟哉！试仿陆放翁曰：人类今娴上太空，但悲不见五洲同。愚公尽扫饕蚊日，公祭无忘告马翁。

毛泽东
一九五八年十二月二十一日上午十时

二

击水：游泳。那时初学，盛夏水涨，几死者数。一群人终于坚持，直到隆冬，犹在江中。当时有一篇诗，都忘记了，只记得两句：自信人生二百年，会当水击三千里。（编者注：此为《沁园春·长沙》的批注）

三

心潮：一九二七年，大革命失败的前夕，心情苍凉，一时不知如何是好，这是那年的春季。夏季，八月七号，党的紧急会议，决定武装反击，从此找到了出路。（编者注：此为《菩萨蛮·黄鹤楼》的批注）

四

踏遍青山人未老：一九三四年，形势危急，准备长征，心情又是郁闷的。这一首《清平乐》，如前面那首《菩萨蛮》一样（编者注：指《菩萨蛮·大柏地》），表露了同一的心境。（编者注：此为《清平乐·会昌》的批注）

五

万里长征，千回百折，顺利少于困难不知有多少倍，心情是沉郁的。过了岷山，豁然开朗，转化到了反面，柳暗花明又一村了。以下诸篇（编者注：指《十六字令三首》），反映了这一种心情。（编者注：此为《忆秦娥·娄山关》的批注）

六

水拍：改浪拍。这是一位不相识的朋友建议如此改的。他说：不要一篇内有两个浪字，是可以的。

三军：红军一方面军，二方面军，四方面军。不是海、陆、

空三军,也不是古代晋国所作上军、中军、下军的三军。(编者注:此为《七律·长征》的批注)

七

苍龙:蒋介石,不是日本人。因为当前全副精神要对付的是蒋不是日。(编者注:此为《清平乐·六盘山》的批注)

八

昆仑:主题思想是反对帝国主义,不是别的。改一句:一截留中国,改为一截还东国。忘记了日本人是不对的。这样,英、美、日都涉及了。别的解释不合实际。(此为《念奴娇·昆仑》的批注)

九

雪:反封建主义,批判二千年封建主义的一个反动侧面。文采、风骚、大雕,只能如是,须知这是写诗啊!难道可以谩骂这一些人们吗?别的解释是错的。末三句,是指无产阶级。(编者注:此为《沁园春·雪》的批注)

十

三十一年:一九一九年离开北京,一九四九年还到北京。旧国:国之都城。不是 State,也不是 Country。(此为《七律·和柳亚子先生》的批注)

十一

乐奏:这里误植为奏乐,应改。(此为《浣溪沙·和柳亚子先生》的批注)

十二

长沙水:民谣:常德德山山有德,长沙沙水水无沙。所谓无沙水,地在长沙城东,有一个有名的"白沙井"。武昌鱼:三国孙权一度从京口（镇江）迁都武昌，官僚、绅士、地主及其他富裕阶层不悦，反对迁都，造作口号云：宁饭扬州水，不食武昌鱼。（编者注：据《三国志·吴书》记载，吴主孙皓一度从建业迁都武昌，反对迁都者造的童谣是："宁饮建业水，不食武昌鱼。"）那时的扬州人心情如此。现在变了，武昌鱼是颇有味道的。（编者注：此为《水调歌头·游泳》的批注）

十三

上下两韵，不可改，只得仍之。（编者注：指本词的韵脚字"柳、九、有、酒、袖"与"舞、虎、雨"不同韵。此为《蝶恋花·答李淑一》的批注）

第三章　毛泽东诗论

致胡乔木

（一九五九年九月七日）

乔木同志：

　　诗两首，请你送给郭沫若同志一阅，看有什么毛病没有？加以笔削，是为至要。主题虽好，诗意无多，只有几句较好一些的，例如"云横九派浮黄鹤"之类。诗难，不易写，经历者如鱼饮水，冷暖自知，不足为外人道也。

毛泽东
九月七日

注释

① 指毛泽东1959年6月写的《七律·到韶山》和同年7月写的《七律·登庐山》。

致胡乔木

（一九五九年九月十三日）

乔木同志：

　　沫若同志两信都读，给了我启发。两诗①又改了一点字句，请再送陈②沫若一观，请他再予审改，以其意见告我为盼！

毛泽东
九月十三日早上

①指毛泽东1959年6月写的《七律·到韶山》和同年7月写的《七律·登庐山》。

②陈，即送予、送给。

第三章 毛泽东诗论

《词六首》引言①

（一九六二年四月）

这六首词，年深日久，通忘记了。《人民文学》编辑部搜集起来，要求发表，因以付之②。回忆了一下，这些词是在一九二九至一九三一年在马背上哼成的。文采不佳，却反映了那个时期革命人民群众和革命战士们的心情舒快状态，作为史料，是可以的。

①《词六首》，指《清平乐·蒋桂战争》《采桑子·重阳》《减字木兰花·广昌路上》《蝶恋花·从汀州向长沙》《渔家傲·反第一次大"围剿"》《渔家傲·反第二次大"围剿"》。引言全文为："这六首词，是一九二九年——九三一年在马背上哼成的，通忘记了。《人民文学》编辑部的同志们搜集起来寄给了我，要求发表。略加修改，因以付之。"

②1962年1月15日，《人民文学》编辑部给毛泽东的信中说："最近我们辗转搜寻，找到了您的几首诗词。正因为是辗转搜寻到的，所以不知是否有讹误，也不知您是否愿意将其发表，或者是不是还需要修改，因此抄寄一份给您，请您指示，并请注上题目和写作年月。"

《忆秦娥·娄山关》的写作背景[①]

（一九六二年五月）

我对于《娄山关》这首词作过一番研究，初以为是写一天的事。后来又觉得不对，是在写两次的事，头一阕一次，第二阕一次。我曾在广州文艺座谈会[②]上发表了意见，主张后者（写两次的事），而否定前者（写一天），可是我错了。这是作者告诉我的。一九三五年一月党的遵义会议以后，红军第一次打娄山关，胜利了，企图经过川南，渡江北上，进入川西，直取成都，击灭刘湘[③]，在川西建立根据地。但是事与愿违，遇到了川军的重重阻力。红军由娄山关一直向西，经过古蔺、古宋诸县打到了川滇黔三省交界的一个地方，叫做"鸡鸣三省"，突然遇到了云南军队的强大阻力，无法前进。中央政治局开了一个会，立即决定循原路反攻遵义，出敌不意，打回马枪，这是当年二月。在接近娄山关几十华里的地点，清晨出发，还有月亮，午后二三时到达娄山关，一战攻克，消灭敌军一个师，这时已近黄昏了。乘胜直追，夜战遵义，又消灭敌军一个师。此役共消灭敌军两个师，重占遵义。词是后来追写的，那天走了一百多华里，指挥作战，哪有时间和精力去哼词呢？南方有好多个省，冬天无雪，或多年无雪，而只下霜，长空有雁，晓日不甚寒，正像北方的深秋，云贵川诸省，就是这样。"苍山如海，残阳如血"两句，据作者说，是在战争中积累了多年的景物观察，一到娄山关这种战争胜利和自然景物的突然遇合，就造成了作者自以为颇为成功的这两句话。由此看来，我在广州座谈会上所说的一段话,竟是错了。解诗之难,由此可见。

①1962年,毛泽东写完这段文字并未发表。直到1991年12月26日才首次在《人民日报》上发表。

②指1962年3月7日由中国作家协会广东分会和《羊城晚报》副刊部在广州举办的文艺座谈会。

③刘湘,1933年任国民党军四川"剿匪"总司令部总司令,1934年并任国民党四川省政府主席。

对《毛主席诗词》中若干词句的解释[①]

（一九六四年一月二十七日）

一、"怅寥廓，问苍茫大地，谁主沉浮？"

这句是指：在北伐以前，军阀统治，中国的命运究竟由哪一个阶级做主？

二、"到中流击水"。

"击水"指在湘江中游泳。当时我写的诗有两句还记得："自信人生二百年，会当水击三千里。"那时有个因是子（蒋维乔），提倡一种静坐法。

三、"山下旌旗在望，山头鼓角相闻。"

"旌旗"和"鼓角"都是指我军。黄洋界很陡，阵地在山腰，指挥在山头，敌人仰攻。山下并没有都被敌人占领，没有严重到这个程度。"旌旗在望"，其实没有飘扬的旗子，都是卷起的。

四、"一枕黄粱再现"。

指军阀的黄粱梦。

五、"国际悲歌歌一曲"。

"悲"是悲壮之意。

六、"枯木朽株齐努力。枪林逼，飞将军自重霄入。"

"枯木朽株"，不是指敌方，是指自己这边，草木也可帮我们忙。"枪林逼"也是指自己这边。"枪林逼，飞将军自重霄入"是倒装笔法，就是："飞将军自重霄入，枪林逼。"

七、"莫道君行早"。

"君行早"的"君",指我自己,不是复数,要照单数译。会昌有高山,天不亮我就去爬山。

八、"离天三尺三"。

这是湖南常德的民谣。

九、"西风烈,长空雁叫霜晨月。……雄关漫道真如铁,而今迈步从头越。"

这首词上下两阕不是分写两次攻打娄山关,而是写一次。这里北有大巴山,长江、乌江之间也有山脉挡风,所以一二月也不太冷。"雁叫""霜晨",是写当时景象。云贵地区就是这样,昆明更是四季如春。遵义会议后,红军北上,准备过长江,但是遇到强大阻力。为了甩开敌军,出敌不意,杀回马枪,红军又回头走,决心回遵义,结果第二次打下了娄山关,重占遵义。过娄山关时,太阳还没有落山。

十、"五岭逶迤腾细浪,乌蒙磅礴走泥丸。"

把山比作"细浪""泥丸",是"等闲"之意。

十一、"天若有情天亦老"。

这是借用李贺的句子。与人间比,天是不老的。其实天也有发生、发展、衰亡。天是自然界,包括有机界,如细菌、动物。自然界、人类社会,一样有发生和灭亡的过程。社会上的阶级,有兴起,有灭亡。

十二、"一片汪洋都不见,知向谁边?"

是指渔船不见。

十三、"泪飞顿作倾盆雨"。

是指高兴得掉泪。

十四、"坐地日行八万里，巡天遥看一千河。"

人坐在地球这颗行星上，不要买票，在宇宙里旅行。地球自转的里数，就是人旅行的里数。地球直径为一万二千七百多公里，乘以圆周率，即赤道长，约四万公里，再折合成华里，约八万里。人在二十四小时内走了八万里。

十五、"牛郎欲问瘟神事"。

牛郎织女是晋朝人的传说。

十六、"红雨随心翻作浪，青山着意化为桥。"

"红雨"指桃花。写这句是为下句创造条件。"青山着意化为桥"，指青山穿洞成为桥。这两句诗有水有桥。

十七、"别梦依稀咒逝川，故园三十二年前。……黑手高悬霸主鞭。"

"咒逝川""三十二年前"，指大革命失败，反动派镇压了革命。这里的"霸主"，就是指蒋介石。

十八、"冷眼向洋看世界。"

"冷眼向洋"就是"横眉冷对"。

十九、"云横九派浮黄鹤。"

"黄鹤"不是指黄鹤楼。"九派"指这一带的河流，是长江的支流。明朝李攀龙有一首送朋友的诗《怀明卿》："豫章西望彩云间，九派长江九叠山。高卧不须窥石镜，秋风憔悴侍臣颜。"李攀龙是"后七子"之一。明朝也有好诗，但《明诗综》不好，《明诗别裁》好。

二十、"浪下三吴起白烟。"

"白烟"为水。

二十一、"陶令不知何处去,桃花源里可耕田?"

陶渊明设想了一个名为桃花源的理想世界,没有租税,没有压迫。

二十二、《七律·答友人》的"友人"指谁?

"友人"指周世钊。

二十三、"九嶷山上白云飞。"

"九嶷山",即苍梧山,在湖南省南部。

二十四、"红霞万朵百重衣。"

"红霞",指帝子衣服。

二十五、"洞庭波涌连天雪"。

"洞庭波",取自《楚辞》中的《九歌·湘夫人》:"洞庭波兮木叶下。"

二十六、"长岛人歌动地诗。"

"长岛"即水陆洲,也叫橘子洲,长沙因此得名,就像汉口因在汉水之口而得名一样。

二十七、"芙蓉国里尽朝晖"。

"芙蓉国",指湖南,见谭用之诗"秋风万里芙蓉国"。"芙蓉"是指木芙蓉,不是水芙蓉,水芙蓉是荷花。谭诗可查《全唐诗》。

二十八、"暮色苍茫看劲松,乱云飞渡仍从容。"

是云从容,不是松从容。

二十九、"僧是愚氓犹可训,妖为鬼蜮必成灾。"

郭沫若原诗针对唐僧。应针对白骨精。唐僧是不觉悟的人,被欺骗了。我的和诗是驳郭老的。

三十、"蚂蚁缘槐夸大国。"

"大槐安国"是汤显祖《南柯记》里的故事。

三十一、"正西风落叶下长安,飞鸣镝。"

"飞鸣镝"指我们的进攻。"正西风落叶下长安",虫子怕秋冬。形势变得很快,那时是"百丈冰",而现在正是"四海翻腾云水怒,五洲震荡风雷激"了。从去年起,我们进攻,九月开始写文章,一评苏共中央的公开信。

三十二、"天地转,光阴迫。一万年太久,只争朝夕。"

你要慢,我就要快,反其道而行之。你想活一万年?没有那么长。我要马上见高低,争个明白,不容许搪塞。但其实时间在我们这边,"只争朝夕",我们也没有那么急。

注释

①1963年《毛主席诗词》出版后,外文出版发行事业局立即组织翻译出版英译本。1964年1月27日,毛泽东应英译者的请求,就自己诗词中的一些词句,做了口头解释。

第三章 毛泽东诗论

致陈毅

（一九六五年七月二十一日）

陈毅同志：

你叫我改诗，我不能改。因我对五言律，从来没有学习过，也没有发表过一首五言律。你的大作，大气磅礴。只是在字面上（形式上）感觉于律诗稍有未合。因律诗要讲平仄，不讲平仄，即非律诗。我看你于此道，同我一样，还未入门。我偶尔写过几首七律，没有一首是我自己满意的。如同你会写自由诗一样，我则对于长短句的词学稍懂一点。剑英善七律，董老善五律，你要学律诗，可向他们请教。

西　行

万里西行急，乘风御太空。
不因鹏翼展，哪得鸟途通。
海酿千钟酒，山裁万仞葱。
风雷驱大地，是处有亲朋。

只给你改了一首，还很不满意，其余不能改了。

又诗要用形象思维，不能如散文那样直说，所以比、兴两法是不能不用的。赋也可以用，如杜甫之《北征》，可谓"敷陈其事而直言之也"，然其中亦有比、兴。"比者，以彼物比此物也"，"兴者，先言他物以引起所咏之词也"。韩愈以文为诗；有些人说他完全不知诗，则未免太过，如《山石》《衡岳》《八月十五酬张功曹》之类，还是可以的。据此可以知为诗之不易。宋人多数不懂诗是要用形象思维的，一反唐人规律，所以味同嚼蜡。以上随便谈来，都是一些古典。要作今诗，则要用形象思维方法，反映阶级斗争与生产斗争，古典绝不能要。但用白话写诗，几十年来，迄无成功。民歌中倒是有一些好的。将来趋势，很可能从民歌中吸引养料和形式，发展成为一套吸引广大读者的新体诗歌。又李白只有很少几首律诗，李贺除有很少几首五言律外，七言律他一首也不写。李贺诗很值得一读，不知你有兴趣否？

　　祝好！

毛泽东

一九六五年七月二十一日

第四章　毛泽东对联精选

对萧三

萧三：目旁是贵，瞆眼不会识贵人；
毛泽东：门内有才，闭门岂能纳才子。

创作背景

　　1910年秋，毛泽东在湘乡东山高等小学堂读书，与同学萧子章（即后来成为著名诗人的萧三）很要好。毛泽东向萧借阅一本书。萧说，要借书不难，我出一联，你能很快对出就借给你。毛说，可以，对不上就不借你的书。于是就有了这一佳联。

自勉联

贵有恒,何必三更起,五更睡;
最无益,只怕一日曝,十日寒。

创作背景

1914年,毛泽东在湖南一师求学,题此联以自勉。此联系改明代胡胥仁联语而成。胡的原联是:

若有恒,何必三更眠,五更起;
最无益,莫过一日曝,十日寒。

第四章　毛泽东对联精选

对夏默安

夏默安：绿杨枝上鸟声声，春到也？春去也？
毛泽东：青草池中蛙句句，为公乎？为私乎？

创作背景

　　1917年7月尾，毛泽东与萧子章游学来到安化县。县劝学所所长夏默安，毕业于晚清两湖学院，自恃学富五车，眼光很高，一向不理睬那些游学先生。毛泽东两次登门拜访，均遭夏拒绝。毛泽东第三次前去，夏会见了，出上联要毛泽东答对，以试其学识才华。毛泽东很快对出下联。

悼七位同学

为何死了七个同学？
只因不习十分间操！

创作背景

  1917 年，湖南一师有七位学生相继因病而死。在学友会为死者举行的追悼会上，毛泽东满怀沉痛、忧愤的心情，写下了这副挽联。

第四章　毛泽东对联精选

对何长工

何长工：谷磨磨谷，谷随磨转，磨转谷裂出白米；
毛泽东：门锁锁门，门由锁开，锁开门敞迎故人。

创作背景

　　1928年，毛泽东率秋收起义的部队进驻井冈山后，将王佐的武装力量改编为工农革命军第二团，派何长工去任党代表。一天，毛泽东散步来到一间磨坊，见一老农在推磨磨谷，正要去帮忙，何长工来了，见磨转谷破米出，忽灵机一动，出了上联请毛泽东对。后来，毛泽东见警卫开锁推门，顿时灵感闪现，对出下联。

挽杨十三先生

国家在风雨飘摇之中，对我辈特增担荷；
燕赵多慷慨悲歌之士，于先生犹见典型。

创作背景

　　杨十三（1889—1939），本名裕民，因排行十三，故名，河北迁安市人。抗战爆发后，他投身民族解放事业，组织民众，建立抗日武装，任职华北人民抗日联军政治部，率部转战冀东，1939年7月21日，因心脏病突发去世。八路军总部开追悼会，朱德主持，毛泽东送了这副挽联。

第四章　毛泽东对联精选

挽葛太夫人

老妇人　新妇道
儿英烈　女英雄

创作背景

葛太夫人：葛健豪（1865—1943），湖南湘乡人，先后生了蔡和森、蔡畅等六个子女。1914年春，她带领全家到长沙求学，自己也进湖南女子教养员养成所读书。1918年底，她53岁，同女儿蔡畅及向警予赴法勤工俭学，1923年回国，1925年任长沙平民职业女子学校校长。1927年八七会议后，她随蔡畅、李富春到上海，一面带小孩，一面做革命工作，1928年回到老家，1943年3月16日逝世。毛泽东送了这副挽联。

挽续范亭同志

为民族解放,为阶级翻身,事业垂成,公胡遽死?
有云水襟怀,有松柏气节,典型顿失,人尽含悲!

创作背景

续范亭(1893—1947),山西崞(guō)县(今原平市)人。早年参加同盟会,辛亥革命时任革命军山西远征队队长,后在国民党军任职;1935年因痛恨国民党政府卖国,在南京中山陵哭陵后剖腹自杀,遇救,后积极参加抗日救亡活动;1947年9月12日病逝,在遗书中请求入党,经中共中央批准,追认为中共党员。举行葬礼时,毛泽东由陕北去电致唁,送了花圈和这副挽联。

为中华全国体育总会成立大会题联

发展体育运动
增强人民体质

创作背景

1952年6月20日,中华全国体育总会举行成立大会,毛泽东题写了这副对联。

赠叶剑英同志

诸葛①一生惟谨慎，
吕端②大事不糊涂。

注释

① 诸葛：即诸葛亮。司马懿称："亮平生谨慎。"

② 吕端（935—1000）：北宋名臣。宋太宗称吕端"小事糊涂，大事不糊涂"。

创作背景

"诸葛一生唯谨慎，吕端大事不糊涂。"此话出自明朝思想家李贽的自题联语。毛泽东晚年，一次与身边的人谈起叶剑英，说他是立了大功的人，并引用这两句话来评价他。不久，毛泽东当面将这两句话赠予了叶剑英。